Escucha a tu intuición

ANA ASENSIO

Escucha a tu intuición

Entrena el superpoder de tu brújula interior
y consigue todo lo que te propongas

Rocaeditorial

Primera edición: mayo de 2025

© 2025, Ana Asensio
© 2025, Roca Editorial de Libros, S. L. U.
Travessera de Gràcia, 47-49. 08021 Barcelona

Roca Editorial de Libros, S. L. U., es una compañía de Penguin Random House Grupo Editorial que apoya la protección de la propiedad intelectual. La propiedad intelectual estimula la creatividad, defiende la diversidad en el ámbito de las ideas y el conocimiento, promueve la libre expresión y favorece una cultura viva. Gracias por comprar una edición autorizada de este libro y por respetar las leyes de propiedad intelectual al no reproducir ni distribuir ninguna parte de esta obra por ningún medio sin permiso. Al hacerlo está respaldando a los autores y permitiendo que PRHGE continúe publicando libros para todos los lectores. De conformidad con lo dispuesto en el artículo 67.3 del Real Decreto Ley 24/2021, de 2 de noviembre, PRHGE se reserva expresamente los derechos de reproducción y de uso de esta obra y de todos sus elementos mediante medios de lectura mecánica y otros medios adecuados a tal fin. Diríjase a CEDRO (Centro Español de Derechos Reprográficos, http://www.cedro.org) si necesita reproducir algún fragmento de esta obra
En caso de necesidad, contacte con: seguridadproductos@penguinrandomhouse.com.

Printed in Spain – Impreso en España

ISBN: 978-84-10274-86-0
Depósito legal: B-4735-2025

Compuesto en Grafime, S. L.

Impreso en Unigraf
Móstoles (Madrid)

RE 74860

Dedicado a todas las personas que me habéis acompañado
en el camino hasta hoy
porque todas y cada una sois fuente de inspiración
y desarrollo de mi intuición

ÍNDICE

Introducción. Un superpoder que tenemos todos — 11

1. ¿Qué puede hacer la intuición por ti? — 23
2. La historia del estudio de la intuición — 53
3. La intuición y el cerebro — 79
4. La intuición del corazón, el cerebro que late — 105
5. El puente entre corazón y razón — 137
6. La brújula interna: hacia nuestro propósito vital — 159
7. La vida cotidiana y la felicidad — 211
8. Etapas vitales y personalidad — 267
9. Lo que está por venir — 293
10. Anexo práctico. Ejercicios — 325

Agradecimientos — 341
Referencias bibliográficas — 343

INTRODUCCIÓN

UN SUPERPODER QUE TENEMOS TODOS

No siempre es fácil verlo, pero es real, os prometo que lo es.

Existe un superpoder que todos tenemos de serie pero que es necesario entrenar: se llama *intuición* y es tan sabio y certero que te indica claramente el camino que te lleva a las cosas.

¿Quieres saber más acerca de él?

Siempre fui intuitiva, aunque tardé en saberlo. Todos somos intuitivos, te lo aseguro; la intuición no es un don, no es algo mágico que te toca o no; es un sentido animal que el ser humano ha desarrollado muy poco, pero parece que empezamos a esbozarlo.

En mi caso, no sabía que ya desde pequeña estaba desarrollando la intuición; tenía la sensación de saber ciertas cosas, a pesar de equivocarme en otras.

Había una Ana que tomaba las decisiones en base a la intuición: dejaba que las cosas sucedieran, discernía cuándo esperar y cuándo actuar. Con un carácter sabio, y quizá muy adelantado a cierto momento evolutivo, es cierto que a veces me secuestraba la amígdala, me podía la emoción, el impulso, me nublaba la impaciencia, o no gestionaba bien un miedo o una ira. Entonces sentía mucho pesar, incluso cuando algunas de las decisiones tomadas en ese estado no fueron malas tampoco. Lo que marcó un antes y un después fue el medio para llegar a ellas.

Me explico: si para permitirme sentir que una determinada carrera universitaria era adecuada para mí —aunque la razón me dijera que no y encontrara mil y un argumentos de que no era adecuado estudiarla— tenía que recurrir a *dormir* más de una noche la situación, me hacía espontáneamente curas de sueño, me hacía listados de pros y contras, reflexionaba en una placentera divagación consciente, sentía y sin saber encontraba información serena… Todo de manera espontánea. Así descubrí que había un lado de mí que no era impulsivo, era reflexivo, sereno, lúcido y me daba paz, pero iba en sentido contrario al otro lado de mí que sabía muy bien controlar, decidir y actuar sin tener en cuenta ninguna emoción ni sensación.

Con los años, mi naturaleza sensitiva (y diría que ultrasensible emocionalmente) no pudo reprimirse más y empezó a decirle a mi cabeza: «Aquí estoy yo». En ese momento sentí tanto descontrol que necesité investigar más acerca de la naturaleza del ser humano.

Rondaba entonces los diecisiete años y se produjo mi primer choque frontal con la vida: me di cuenta de que lo que planificaba y decidía con la cabeza no era lo que mi alma, mi ser, me decía que estaba esperándome.

UN SUPERPODER QUE TENEMOS TODOS

A través de mis experiencias descubrí esta frase: «Lo que es para ti te encuentra». Antes o después tu naturaleza va a querer SER y no vas a poder evitar que el camino te lleve a las cosas que te convienen. Pero has de saber que ese camino puede ser arduo y que lo tengas que recorrer a golpes, o puede ser sereno y vayas adquiriendo sabios aprendizajes que ilustrarán tu vida.

Aquel primer aterrizaje derivó, contra todo pronóstico, en que yo estudiara Psicología, me iniciara en el desarrollo personal y lo uniera a mi gran pasión, la ciencia, y a una llamada interior de entender mi alma. De todo ello nace una relación con la intuición que la acompaña, y me trae a escribir este libro por si a ti te puede resultar útil también para reconocer eso que ya eres, o para aceptar esa naturaleza sabia y preciosa que nos está pidiendo hablar.

Diré que la intuición es eso que a todos nos pasa cuando sabemos algo, a veces algo que nos choca, pero no podemos argumentar cómo lo sabemos. Lo único que podemos decir es que lo sentimos, y se trata de un sentimiento sereno, que no te provoca confusión sino seguridad, aun sin saber muy bien por qué.

LA INTUICIÓN ESTÁ DENTRO
DE CADA UNO DE NOSOTROS.

Parte de nuestra memoria no consciente, de toda la información almacenada que no se borra y pude resultar útil. Se nutre de la limpieza de los pensamientos rumiantes y del control mental, se nutre de la calma de la amígdala y también de la desactivación del impulso emocional, al que somos bastante adictos, por cierto.

La intuición no está destinada a protegerte, para eso está el miedo, sino a llevarte a las cosas que son buenas para ti. La intuición no es una emoción ni un arte adivinatorio, es una cualidad del ser humano que le permite saber algo obteniendo la información de una manera de la que no eres consciente.

En definitiva, la intuición es una aliada para tu vida, es un recurso, una herramienta tan potente y tan bella que merece invertir tiempo para desarrollarla y convertirla en nuestro sexto sentido.

Habrá veces —me ha pasado, te lo aseguro, es inevitable— en que pensarás que simplemente te estás dejando llevar por lo que deseas, pero no, la intuición no es la expresión de tus deseos, aunque a veces coincida con ellos.

A veces creerás que solo te quieres autoengañar, y sentirás que estás confundida..., pero la intuición no es un engaño, es certera, nace de una sabiduría interior que sabe más de ti de lo que tu razón imagina.

Por eso te ofrezco este libro, para darle a la intuición el lugar relevante que se merece, para avalar su relación con la ciencia y para mostrarte recursos y que la puedas entrenar desde ya.

Imagina por un momento que estás caminando en un bosque. No hay camino marcado, solo árboles altos y el susurro del viento. Sin embargo, en algún lugar profundo de ti, hay una voz suave que te indica: «Sigue adelante, gira a la derecha, ahora a la izquierda y sintiendo que por ahí es». Esa voz es la intuición.

LA INTUICIÓN ES UNA HERRAMIENTA PODEROSA, UN RADAR INTERNO QUE NOS GUÍA EN LA VIDA.

Pero ¿qué es exactamente: un sentimiento, un pensamiento, una corazonada? La respuesta es sí a todo lo anterior. La intuición es ese conocimiento profundo que no siempre sabemos cómo hemos adquirido, pero que sentimos con certeza.

Es extraño dejarnos llevar por la intuición porque no podemos observarla ni, por tanto, analizarla directamente. Así, muchas veces desconfiamos de ella porque no es algo tangible, sino más bien relacionado con la fe (en el sentido de creer lo que no se puede ver); la sentimos, pero no estamos acostumbrados a guiarnos por nuestro sentir profundo, por nuestro saber acumulado, por nuestros valores, y no solo por las emociones más primarias o el análisis de la situación.

De este modo, podemos decir que la intuición es una mezcla de acumulación de mis experiencias vitales —aquellas que guardo aunque no recuerde— más mis valores —esos que están en mi corazón— y mi silencio cerebral, que permite escuchar al corazón para saber hacia dónde quiero ir y entonces sentir esas señales que nos parece que son magia, y claro que lo son, porque hay magia en tu interior.

LA INTUICIÓN NO ES MAGIA, PERO ES MÁGICA.

Es la voz interna que nos recuerda que, aunque no siempre podamos ver el camino claro, tenemos una brújula interna que sabe exactamente hacia dónde ir. La próxima vez que sientas esa corazonada, esa chispa de conocimiento interno, detente y escúchala. Puede ser el susurro de la sabiduría interior, guiándote hacia el próximo gran descubrimiento de tu vida.

LA CIENCIA AVALA LA INTUICIÓN

Todos hemos tenido esa experiencia de saber algo sin saber cómo lo sabemos. Tal vez fue al conocer a alguien y sentir inmediatamente que podíamos confiar en esa persona, o quizá cuando tomamos aquella decisión importante en unos segundos y resultó ser la correcta.

Es cierto que cada día se habla más de la intuición. Sin embargo, en este mundo dominado por los datos y la lógica en un nivel más racional y consciente, a menudo subestimamos nuestra intuición porque la hemos dejado dormida. Nos enseñan a confiar en hechos y cifras, y a desconfiar de las corazonadas. Pero la intuición no está en conflicto con el razonamiento

UN SUPERPODER QUE TENEMOS TODOS

lógico; más bien, es su complemento. La mejor toma de decisiones ocurre cuando combinamos ambos: la lógica y la intuición, o la razón al servicio del corazón.

Las preguntas son muchas: «¿Me puedo fiar de mi intuición?», «¿Cómo sé que es intuición y no miedo?», «¿De dónde proviene?», «¿La intuición realmente existe?».

La intuición tiene un gran vínculo con la ciencia, la psicología y la filosofía. Pero las explicaciones que se aportan desde estas materias sobre este sexto sentido tienen un matiz aún muy racional para explicar acciones basadas en una toma rapidísima de decisión, en la experiencia acumulada, en una destreza aprendida, en el análisis de aquello que se intuye. Para mí hay un algo más, un «ingrediente secreto» que hace que la intuición sea algo más que un deseo lleno de sesgos cognitivos y algo más que un procedimiento únicamente fisiológico, con un toque importante racional.

Las investigaciones en neurociencia sugieren que la intuición se basa en nuestra capacidad de procesar información de manera no consciente. Nuestro cerebro recopila datos, patrones y experiencias a lo largo de nuestra vida y los almacena. Cuando enfrentamos una nueva situación, nuestra mente accede a ese vasto almacén de información y nos proporciona una respuesta rápida e intuitiva.

Una investigación realizada por el doctor Antonio Damasio, un reputado neurocientífico, mostró que la intuición juega un papel crucial en la toma de decisiones. Damasio estudió a pacientes con daños en la corteza prefrontal ventromedial, una región del cerebro asociada con las emociones y la toma de decisiones. Descubrió que estos pacientes podían analizar problemas lógicamente, pero tenían serias dificultades para tomar decisiones simples. La razón, según Damasio, es que habían perdido el acceso a sus respuestas emocionales e intuitivas, lo que sugiere que nuestras emociones y corazonadas son esenciales para tomar decisiones efectivas.

Voy a compartir una historia que me encanta: Albert Einstein, el genio que enunció la teoría de la relatividad, solía decir que su mayor descubrimiento no nació de un razonamiento lógico, sino de una intuición, a través de un pensamiento visual en el que se imaginó cabalgando sobre un rayo de luz. Sí, el hombre que revolucionó la física moderna lo hizo confiando en ese destello intuitivo que salió de lo más profundo de su ser. Por supuesto, luego tuvo que validarlo con matemáticas y física, pero la chispa inicial fue pura intuición.

«La intuición es un don sagrado —afirmó Einstein—, el espíritu que nos lleva a nuevas verdades». Y atribuía sus ideas no solo a cálculos matemáticos, sino a un juego mental que le permitía visualizar el universo de formas nuevas. «La única cosa realmente valiosa es la intuición», llegó a decir.

Steve Jobs, el legendario cofundador de Apple, habló mucho sobre cómo su intuición guiaba sus decisiones más importantes. Una vez dijo: «Ten el coraje de seguir tu corazón y tu intuición. De alguna manera ya saben lo que realmente quieres ser».

En el ámbito laboral Daniel Kahneman, psicólogo y premio Nobel en Economía, ha investigado desde un punto de vista muy racional cómo tomamos las decisiones. Kahneman distingue entre dos sistemas de pensamiento: el rápido e intuitivo, y el lento y deliberativo. Argumenta que, aunque el pensamiento lento y analítico es crucial para ciertas decisiones, el pensamiento rápido e intuitivo es vital en situaciones donde se necesita una respuesta inmediata.

En el campo de la medicina, un estudio realizado por el doctor Gary Klein, un psicólogo especializado en toma de decisiones, mostró que los médicos experimentados pueden hacer diagnósticos precisos en cuestión de minutos basándose en su intuición, que se forma a través de años de experiencia y la observación de patrones clínicos.

Lo mismo ocurre en el mundo empresarial. Una encuesta de la *Harvard Business Review* concluyó que el 62 por ciento de los ejecutivos de alto nivel confiaban en su intuición tanto como en el análisis de datos a la hora de tomar decisiones importantes. En una era donde los *big data* dominan, esta es una afirmación poderosa sobre el valor de la intuición en el liderazgo.

En los años que llevo trabajando e investigando en mi consulta, he observado que existe una inteligencia intuitiva muy innata en el ser humano; que se entrelaza con un toque de misticismo inexplicable para la ciencia; que utiliza el cuerpo, la memoria emocional, el inconsciente y también la parte racional; que se nutre de algo que aún no podemos explicar, aunque sí podemos empezar a relacionar: los fenómenos cuánticos. Esos fenómenos de energía, de sincronías, de saber ciertas cosas sin haber tenido experiencias previas, de corazonadas serenas y no mediadas por la razón, pero sí acompañadas por ella, ese «ingrediente secreto» que es un nivel mayor de intuición y lo convierte en un gran sexto sentido para el cual aún no tenemos muchas demostraciones pero sí muchas evidencias.

En este libro también voy a responder a otra pregunta crucial: ¿cómo podemos desarrollar nuestra intuición? Aquí van algunos ingredientes:

- **Aprende a escuchar.** En el bullicio de la vida actual, tu voz intuitiva puede ser fácilmente silenciada por el ruido externo y por nuestro propio ruido interno. Debes escuchar de verdad, con una oreja fuera y una oreja dentro, sin juicio, sin pasar por el filtro de tus creencias racionales, sino solo por la experiencia del corazón. Por tanto, dar espacio, dejar un poco de vacío en nuestras vidas, practicar la meditación y la reflexión son herramientas poderosas para reconectarte con tu intuición. Distintos estudios han mostrado que la meditación regular puede aumentar la conectividad entre las diferentes regiones del cerebro, mejorando nuestra capacidad para acceder a nuestra sabiduría interna.
- **Ábrete a tus sensaciones, experiencias y emociones,** ya que son las fuentes de nuestras corazonadas. No podemos ignorar nuestras emociones si queremos tomar decisiones. Según un estudio publicado en la revista *Psychological Science,* las personas que se permiten sentir sus emociones y prestarles atención tienden a tomar mejores decisiones intuitivas. Nuestro cuerpo sabe, lleva la cuenta de muchas

experiencias; nuestra memoria inconsciente también sabe; nuestro corazón, con nuestros valores y anhelos, sabe. Y nuestra razón puede unirlo todo para ir hacia ese lugar ideal para nosotros.

- **Confía en ti mismo.** La intuición se fortalece con la práctica y la confianza. Es importante darle el lugar que le habíamos quitado a la intuición como un sentido más, y tan útil y necesario en nuestra vida actual. Malcolm Gladwell, en su libro *Blink. The Power of Thinking Without Thinking,* argumenta que las decisiones rápidas e intuitivas pueden ser tan buenas como las decisiones tomadas de manera más deliberada y analítica.

Intenta aplicar estos consejos en tu día a día, piensa en esas ocasiones en que has ignorado a tu intuición y te has arrepentido después. Es cierto que a veces no la escuchamos por miedo, por no fiarnos de nosotros mismos, por no dar credibilidad a nuestra voz interior, y con los años nos vemos dando vueltas a qué habría sido de nuestra vida si hubiésemos seguido el GPS de nuestra intuición.

Te voy a contar algo sobre un concepto fascinante: el «instinto del intestino». Sí, es una expresión real, y hay ciencia detrás de ella. Investigaciones han demostrado que el sistema nervioso entérico, a menudo llamado el «segundo cerebro», juega un papel crucial en nuestras respuestas emocionales e intuitivas. Este segundo cerebro está formado por una red de neuronas en el intestino que se comunican con el cerebro influyendo en nuestras emociones y decisiones. Así que la próxima vez que sientas una corazonada en el estómago, ten en cuenta que hay ciencia respaldándola.

Confía en tu intuición, porque a veces el corazón y el intestino saben cosas que la mente aún no ha comprendido.

1
¿QUÉ PUEDE HACER LA INTUICIÓN POR TI?

Desde una perspectiva cercana, la intuición es una forma profunda y sabia de conocer y saber que va más allá de lo puramente racional. En lugar de estar basada en el análisis lógico o en el pensamiento estructurado, la intuición nace del silencio y de otro lugar de nuestro interior, de esa conexión con nuestro ser más profundo.

La intuición se manifiesta cuando somos capaces de escuchar el cuerpo, las sensaciones, emociones y esa voz interior que, aunque sutil, es clara y certera. Nos ofrece respuestas rápidas, casi instantáneas, porque proviene de una fuente de sabiduría que no necesita ser comprendida por la mente, sino sentida por el corazón. Es una habilidad innata que todos poseemos, pero que a menudo descuidamos en un mundo hipermentalizado que sobrevalora la razón y el control.

Siempre he pensado que la intuición se entrelaza con la confianza en uno mismo. Para poder escucharla y seguirla, primero debemos aprender a confiar en nuestras sensaciones, en aquello que «sabemos» sin saber por qué. En este proceso, es fundamental despejar dos tipos de ruido: el ruido externo, las prisas, el agobio, el estrés, y el ruido interno, las expectativas sociales, las creencias limitantes, los pensamientos rumiantes, los juicios y los miedos. Cuando somos capaces de abrazar el silencio y abrirnos a lo que sentimos, nuestra intuición emerge como una aliada poderosa en la toma de decisiones y en nuestro bienestar emocional.

En última instancia, la intuición es un acto de amor propio. Nos permite fluir con la vida, reconociendo que no siempre tenemos todas las respuestas en la mente; muchas de ellas ya residen en nuestro interior, esperando a ser escuchadas.

Por todo esto, la intuición es una herramienta esencial para vivir de manera auténtica y conectada con nuestro verdadero ser. En la vida cotidiana, a menudo estamos inmersos en un flujo constante de pensamientos, responsabilidades y estímulos externos que nos alejan de nuestra sabiduría interior. Sin embargo, la intuición es esa voz tranquila pero firme, que nos guía hacia lo que realmente necesitamos, aunque a veces no lo comprendamos con la mente.

Cuando aprendemos a escucharla y confiar en ella, la intuición nos orienta en las pequeñas y grandes decisiones de cada día. Nos ayuda a discernir qué personas, situaciones o caminos son los más adecuados para nosotros, y nos libera de la necesidad de buscar constantemente respuestas fuera de nosotros mismos. En lugar de sobrecargarnos con análisis excesivos o dudas, la intuición nos ofrece claridad y simplicidad.

En las relaciones interpersonales, la intuición nos permite captar lo que no se dice con palabras. Nos ayuda a reconocer las verdaderas intenciones de los demás, a sentir cuándo una conexión es genuina o cuándo algo no fluye de manera natural. Este tipo de percepción nos protege, pero también nos abre a la posibilidad de vivir relaciones más profundas y auténticas.

En la toma de decisiones, la intuición es esa chispa que nos lleva a elegir el camino que resuena con nuestra esencia, incluso cuando parece irracional. Nos recuerda que no siempre es necesario tener un plan perfecto o un control absoluto sobre lo que viene. Al seguir nuestra intuición, nos permitimos fluir con la vida, confiando en que las decisiones tomadas desde el corazón nos llevarán a donde realmente necesitamos estar.

La intuición está vinculada con la confianza en la vida, con la aceptación de que no todo tiene que ser comprendido desde lo racional para ser válido. En lo cotidiano, es un recordatorio de que lo más valioso no siempre está en los detalles externos, sino en esa sabiduría interna que todos llevamos dentro.

DEFINICIÓN Y CONCEPTO

La intuición nos ha acompañado desde los inicios de la humanidad, casi como un sexto sentido que nos ayuda a sobrevivir. Piensa en nuestros antepasados prehistóricos, que no tenían tiempo para pararse a analizar si el ruido entre los arbustos era el viento o un depredador. La intuición era esa chispa rápida que les decía: «Sal de aquí», antes de que su cerebro pudiera procesar toda la información. Era cuestión de vida o muerte, y, gracias a ese instinto, estamos aquí hoy. En ese momento, la intuición era más un instinto de supervivencia.

Con el paso del tiempo, cuando dejamos de depender tanto de la atención al instinto, la intuición siguió estando presente, pero de una forma más sutil. Hemos anulado mucho nuestro instinto en la vida diaria. Es como si el ser humano, al sentir menos peligro vital, hubiera dejado de escucharlo.

En las antiguas culturas, como la egipcia o la griega, asociaban la intuición con lo divino. Creían que esos destellos de sabiduría que nos llegan sin razón aparente venían de los dioses o de una fuente superior. Los oráculos, por ejemplo, eran vistos como intermediarios entre el mundo humano y ese conocimiento intuitivo que estaba más allá de lo que los ojos podían ver.

En la Edad Media, la intuición tomó un camino un poco más místico, conectada con lo espiritual. Los alquimistas y sabios buscaban la verdad más allá de lo evidente, confiando en su intuición para encontrar respuestas que no siempre tenían explicación lógica. Sin embargo, con la llegada del pensamiento racional y el auge de la ciencia, la intuición perdió algo de terreno. Se empezó a priorizar el análisis lógico y la evidencia por encima de esa sabiduría más instintiva que no podía medirse o explicarse fácilmente.

Pero lo interesante es que, aunque la ciencia inicialmente ha querido desbancar a la intuición, al final ha tenido que reconocer su valor y ha confirmado su existencia. Hoy sabemos que el cerebro trabaja en segundo plano, con un copiloto, procesando toneladas de información de las que no somos conscientes, y es ahí donde muchas veces se gesta la intuición. Es como si toda esa experiencia acumulada, todo lo que hemos aprendido consciente e inconscientemente, se combinara para darnos una respuesta rápida, casi mágica.

Así que, aunque la intuición ha sido vista de mil maneras distintas a lo largo de la historia, desde una habilidad salvavidas hasta un canal divino, siempre ha estado ahí. Es parte de nosotros, algo que no podemos negar, incluso en una era tan racional como la nuestra. Y lo mejor de todo es que, mientras más la escuchamos, más fuerte se hace.

La intuición es un proceso complejo que no se origina en una sola parte del cerebro, sino que involucra múltiples áreas y redes neuronales. Antes de describirlas, es importante destacar que, además, obtiene su información básica de estas tres fuentes:

- **Las experiencias pasadas.** Todo lo que has vivido queda guardado en tu cerebro, incluso los detalles que no recuerdas conscientemente. Esa vez que por ejemplo aprendiste que no debes confiar en algo de comer que «huele raro» y te hizo vomitar en otras ocasiones, esto se queda en tu archivo mental. El cerebro almacena todos esos recuerdos y experiencias, a los cuales se puede acceder de manera inconsciente.
- **Los conocimientos implícitos.** Son las habilidades y conocimientos adquiridos que ni siquiera sabes que tienes porque no siempre son conscientes, pero influyen en la toma de decisiones.

- **Las emociones y sensaciones.** Las respuestas emocionales y sensoriales previas pueden guiar la intuición porque dejan huellas en nosotros. Si algo hizo que te sintieras mal una vez, tu cerebro lo recuerda y te manda señales de alerta para evitar que lo repitas.

Cuando hablamos de la intuición, todos tenemos una idea de qué se trata, pero es probable que tengamos diferentes interpretaciones. Algunos dirán que es producto de nuestros instintos, que no responde a la razón, otros que es una casualidad o un truco de la imaginación. Pero ¿qué es realmente la intuición? ¿Es consciente o inconsciente?

Oyes que suena el teléfono. Sin ni siquiera mirarlo, piensas: «Seguro que es mi madre». Atiendes y efectivamente era tu madre. ¿Cómo lo has sabido?

Estás viendo el partido de tu equipo y, de repente, sin saber a cuenta de qué, piensas y sientes: «Hoy ganamos seguro». ¿De dónde viene ese pensamiento?

Es como si esas certezas, que no son únicamente deseos, te salieran de dentro, las puedes sentir y casi ver. Son inmediatas, como si cayeran del cielo, sientes que no has hecho ningún tipo de esfuerzo para llegar a esas conclusiones.

Estos son claros ejemplos de intuición, o sea, conocimientos directos e inmediatos donde no interviene el razonamiento... ¿O sí?

Herbert Simon, psicólogo ganador del Premio Nobel, define la intuición como «nada más y nada menos que saber reconocer». El hecho de que las decisiones basadas en la intuición sean tan inmediatas puede hacernos creer que surgen de la nada, de alguna fuerza misteriosa en nuestro interior que nos sugiere la respuesta.

Desde una perspectiva científica actual, sabemos que esto sucede en realidad gracias a la gran capacidad que tenemos para reconocer patrones, incluso de forma inconsciente, y por eso es que podemos tomar estas decisiones de forma rápida y sin esfuerzo. De hecho, según la ciencia, el pensamiento intuitivo es rápido porque no intervienen pasos cognitivos intermedios ya que se dispara automáticamente cuando percibimos ciertos estímulos.

No nos damos cuenta conscientemente de todo lo que vemos o sucede a nuestro alrededor. La consciencia (o darnos cuenta de algo racionalmente) es una especie de resumen de la gran cantidad de procesos que funcionan en paralelo en nuestra mente. Es solo una pequeña parte para que podamos manejarnos más o menos, pero hay muchos mecanismos que funcionan por debajo de nuestra consciencia que influyen en las decisiones que tomamos y en los pensamientos que tenemos. Muchas veces, a esos fenómenos que funcionan por debajo de nuestro «radar de la consciencia» los llamamos intuición.

Por ejemplo, pensemos en la visión. No solo se trata de lo que nuestros ojos perciben, sino de cómo el cerebro interpreta esa información. El ojo percibe muchas cosas que luego el cerebro racional no *ve*. Piensa en el ejemplo de cuando notamos que alguien nos está mirando, aunque no lo estemos viendo directamente: no se trata de un superpoder que tengamos, sino más bien de que nuestro cerebro ha detectado algunas pistas visuales y reacciona por fuera de nuestra consciencia.

Así funciona de hecho la intuición, reconociendo patrones sin pasar por la mente racional y más consciente.

POR QUÉ HACER CASO A LA INTUICIÓN

Podemos obtener muchas ventajas si seguimos nuestras intuiciones. Entre ellas, destacan estas, evidenciadas por la ciencia:

1. **Eficiencia en la toma de decisiones.** La intuición permite tomar decisiones rápidas en situaciones donde el análisis exhaustivo puede ser nada práctico.
2. **Experiencia acumulada.** A menudo, la intuición se basa en un vasto almacén de experiencias y conocimientos, incluso si no somos conscientes de ellos.
3. **Creatividad e innovación.** Nuestra intuición nos puede llevar a soluciones innovadoras y creativas que el análisis lógico podría no considerar.

LA IMPORTANCIA DE LA EXPERIENCIA

Si atendemos a lo que nos explica la ciencia, la intuición se basa en el reconocimiento de ciertos patrones a un nivel no consciente, más basado en sensaciones, instinto y memoria emocional. Cuantos más patrones reconozcamos, más fiable será nuestra intuición. Pero también es importante saber que los patrones los adquirimos mediante la experiencia.

Por ejemplo, el psicólogo holandés Adriaan de Groot se dedicó a estudiar la toma de decisiones de los jugadores de ajedrez, y descubrió que los expertos son capaces de anticipar el mejor movimiento mucho más rápido que los demás.

Gracias a la experiencia de horas y horas de partidas, tienen interiorizadas posiciones y jugadas hasta el punto de que no necesitan reflexionar sobre qué pasará tras un movimiento, simplemente lo hacen. Esa habilidad se logra gracias a una inmediata comparación de patrones del juego con las cien mil posiciones diferentes de piezas almacenadas en su memoria.

Los jugadores novatos no tienen tantas posiciones almacenadas en su memoria, por lo que deben analizar de forma consciente el posible resultado de cada movimiento. Por tanto, la experiencia y la práctica de la intuición crea una mayor destreza de este.

Entonces, ¿podemos confiar en nuestra intuición, en esa que además explica y demuestra la ciencia y que está basada en la toma de decisiones rápidas por medio de nuestra experiencia?

Pues la respuesta a esta pregunta desde la perspectiva científica es que dependerá mucho de las características de la situación.

Si nos encontramos ante una situación muy conocida, que hemos experimentado varias veces, y tenemos la certeza de que las señales que estamos percibiendo siempre suelen dar el mismo resultado, la intuición puede sernos muy útil.

Si por el contrario se trata de una situación nueva, de la que no tenemos tanta experiencia o en la que las señales para su resolución no son lo suficientemente claras o estables, la intuición nos dirá que no lo ve tan claro, y fiarnos de ella nos ayudará a no tomar una respuesta a ciegas.

EN POCAS PALABRAS, LA INTUICIÓN ES ESA CAPACIDAD DE ENTENDER ALGO DE INMEDIATO, SIN DETENERNOS A PENSAR DEMASIADO.

Es como si el cerebro hiciera cálculos rapidísimos tras bambalinas y te entregara la respuesta final sin mostrarte los pasos intermedios. Aunque no siempre acertemos, suele ser útil, especialmente cuando no tenemos tiempo para analizar todo con lupa.

¿DE DÓNDE VIENE LA INTUICIÓN?

La intuición no surge de la nada. Nuestro cerebro lleva años acumulando experiencias, conocimientos y emociones, y todo eso está guardado en un archivo invisible. La intuición aparece cuando accedemos a esa información sin darnos cuenta.

Así trabaja:

1. **El COPILOTO de tu cerebro.** Tu mente está procesando todo el tiempo miles de datos. Sin embargo, la mayoría de ellos pasan desapercibidos. Cuando necesitas decidir rápido, tu cerebro junta esas migajas de información y las convierte en una respuesta instantánea.

2. **Atajos mentales.** Usamos estos trucos para no atascar nuestro cerebro en cada decisión. Por ejemplo, cuando eliges una fila en el supermercado basándote en tu corazonada-sensación de que será más rápida.
3. **La experiencia manda.** ¿Sabes por qué un chef experto sabe cuándo un plato está listo sin medir el tiempo de preparación? Por la práctica. Cuanta más experiencia tienes en algo, más afinada será tu intuición.
4. **El cerebro emocional.** Tus emociones también juegan un papel importante. Esa sensación de que algo no anda bien puede ser tu amígdala, una parte del cerebro encargada de procesar emociones de peligro, gritándote desde las sombras.

¿CUÁNDO PUEDES CONFIAR EN ELLA?

- **Cuando necesitas decidir rápido.** Imagínate en medio del tráfico, tomando una ruta alternativa porque sientes que es la que te llevará más rápido y seguro a tu destino. Muchas veces acertamos.
- **Cuando tienes experiencia en esa actividad.** Si llevas años en un trabajo, tu intuición suele ser más certera porque está respaldada por el conocimiento real.
- **En temas creativos.** La inspiración muchas veces nace de esas corazonadas inesperadas.

La intuición es como ese amigo que siempre tiene un consejo rápido y, muchas veces, acertado. Está basada en toda tu experiencia acumulada y tu conocimiento *oculto,* así que no es cosa de magia, ¡es pura neurociencia! Aunque no sea perfecta, aprender a escucharla puede ser una herramienta superútil para tomar decisiones, ser más creativo y hasta entender mejor a los demás.

La próxima vez que tengas una corazonada, no la descartes tan rápido. Puede que tu cerebro ya haya hecho el trabajo por ti, aunque tú no te hayas dado cuenta.

LA INTUICIÓN ES LA BRÚJULA SECRETA QUE TODOS LLEVAMOS DENTRO.

Es esa vocecita interna que, sin decir palabras, a veces nos grita: «¡Por aquí, no por allá!» o «Algo no cuadra en esto...». Es como tener un sabio escondido dentro de nuestra cabeza que, aunque no siempre tiene la razón, nos saca de apuros más de lo que creemos.

Yendo al grano: la intuición es esa capacidad que tenemos para entender o decidir algo sin pensarlo demasiado. Es como un conocimiento instantáneo que aparece de la nada.

¿Y sabes qué es lo más interesante? Todos tenemos intuición. Sí, incluso esa persona que siempre dice que es muy racional la tiene. La intuición no discrimina. Es una herramienta que nuestro cerebro ha desarrollado para ayudarnos a sobrevivir. ¿Te imaginas a nuestros antepasados en la selva pensando: «¿Será este un buen lugar para dormir? Déjame analizar las variables»?

No, simplemente sentían si algo estaba mal y actuaban. Esa es la intuición: rápida, instintiva y, la mayoría de las veces, y la ciencia ha demostrado que es altamente acertada.

Pero recuerda, el cerebro también está detrás de la intuición, más bien la acompaña y la complementa trazando el plan que te llevará por el mejor camino que ya ha decidido tu corazón en base a más información.

Desde una perspectiva científica, la intuición no es cosa de un solo rincón del cerebro, es un trabajo en equipo. Tu cerebro analiza toneladas de datos constantemente, incluso cuando no eres consciente de ello. Y cuando menos lo esperas, te da un empujoncito: una corazonada, una idea o esa sensación inexplicable de que algo es una buena (o mala) idea.

¿CÓMO USARLA EN LA VIDA DIARIA?

La intuición está en todas partes, se manifiesta en innumerables situaciones diarias, a menudo sin que nos demos cuenta. No necesitas ser un genio o un superhéroe para usarla. Hay multitud de ámbitos de la vida cotidiana donde podemos sacarle un buen partido. Por ejemplo:

- **En situaciones de emergencia.** Imagina que estás conduciendo y, de repente, un animal cruza la carretera. Sin tiempo para un análisis racional, reaccionas instintivamente girando el volante para evitarlo. Esta respuesta inmediata es fruto de tu intuición, que actúa para protegerte.

- **En lugares nuevos.** En ocasiones, al caminar por una ciudad desconocida, puedes decidir tomar una ruta específica sin saber exactamente por qué, solo para descubrir que era el camino más corto o seguro. Tu intuición te guía basándose en percepciones subconscientes del entorno.
- **En el trabajo.** Tomar decisiones rápidas, resolver problemas o simplemente saber cuándo una reunión «huele a trampa», o incluso detectar que algo es una oportunidad sin haberla analizado mucho.
- **En las relaciones sociales y personales.** Todos hemos tenido una primera impresión sobre personas con las que nos encontramos por primera vez. Al conocerlas, puedes sentir una atracción o una desconfianza inmediata sin una razón lógica aparente. Y esto se debe a que gran parte de la comunicación humana es no verbal. Nuestra intuición nos permite captar señales sutiles, como el tono de voz, la postura corporal o las expresiones faciales, que nos ayudan a interpretar otros significados más allá de las palabras. Además, en nuestras interacciones sociales, la empatía y la comprensión son un pilar fundamental. Gracias a ellas podemos comprender mejor las necesidades y sentimientos de quienes nos rodean, fortaleciendo nuestras relaciones personales.
- **En el amor.** Esa química inexplicable que sientes con alguien, o ese presentimiento de que algo no está bien en una relación, también están basados en tu intuición.
- **En la cocina.** Cuando ajustas la receta sin seguir las instrucciones al pie de la letra porque sabes que necesita más sal, la intuición está jugando su papel.

La intuición no es perfecta, pero es práctica. Es como una linterna en la oscuridad: no ilumina todo, pero te ayuda a ver lo suficiente para avanzar hacia el camino que te lleva a las cosas.

¿INTUICIÓN O RAZONAMIENTO LÓGICO?

Es importante tener en cuenta, ya que la ciencia reconoce la intuición, no confundir esta con el análisis racional. Son como dos hermanos que se complementan, pero que funcionan de manera diferente.

- La intuición es rápida, automática y emocional, aunque a veces falle, en pequeño porcentaje según los experimentos científicos hasta la fecha.
- El razonamiento lógico es lento, deliberado y basado en datos. Supone realizar cálculos mentales o listas de pros y contras, para después evaluar esos resultados; y este método, aunque importante y necesario en muchas ocasiones, tampoco está exento de fallo.

Ambos tienen sus momentos idóneos de aplicación. La intuición es genial cuando necesitas decidir rápido o cuando tienes experiencia en algo. Pero en situaciones nuevas o complejas, mejor saca la calculadora y usa tu razonamiento.

ESCUCHA A TU INTUICIÓN

¿LA INTUICIÓN CIENTÍFICA SIEMPRE ACIERTA?

Lamentablemente, no. Por eso entonces, y aunque suena confuso, te diré que eso no era intuición.

A la intuición podemos confundirla hasta el punto de que resulte engañosa porque también está influenciada por tus prejuicios, emociones, sesgos cognitivos y experiencias limitadas. Por ejemplo:

- Si tu intuición te dice «No confíes en esa persona» porque te recuerda a alguien que te hirió antes, puede ser un sesgo emocional, es decir, un error por una mala experiencia.
- Si decides invertir en algo basándote solo en una corazonada basada en un deseo, puede que no salga bien porque no analizaste los datos, y en ocasiones es muy importante hacerlo.

Por eso es importante aprender a discernir qué es intuición y qué es deseo, qué es miedo o cualquier otro pensamiento y qué emoción.

PERCEPCIONES SIN BASE LÓGICA APARENTE

A veces, conocemos a alguien y, sin razón aparente, sentimos que podemos confiar en esa persona. Esta percepción intuitiva no se basa en datos concretos, sino en señales sutiles que nuestro cerebro capta y procesa de manera inconsciente. La intuición nos permite evaluar situaciones y personas rápidamente, lo que es especialmente útil en entornos sociales.

Aunque la ciencia se basa en la lógica y el razonamiento, la intuición ha jugado un papel crucial en muchos descubrimientos científicos. Grandes científicos han confiado en sus corazonadas para formular hipótesis que luego se confirmaron a través de experimentos.

Así, la intuición permite a los científicos conectar ideas de manera creativa, generando nuevas teorías y enfoques.

LA CREATIVIDAD ES ESENCIAL EN LA CIENCIA, Y LA INTUICIÓN ES UNA FUENTE IMPORTANTE DE INSPIRACIÓN.

Los científicos a menudo enfrentan problemas complejos que requieren soluciones innovadoras. La intuición les permite pensar fuera de lo convencional y explorar nuevas posibilidades, lo que conduce a descubrimientos revolucionarios. Ya hemos hablado del caso de Einstein, entre otros muchos. Sin la intuición, muchos avances científicos podrían no haberse logrado, y de momento debemos quedarnos con que la inspiración y la corazonada, aunque aún no lo podemos explicar o demostrar, salieron de algún sitio, no fue mera casualidad.

ESCUCHA A TU INTUICIÓN

INTUICIÓN Y EMOCIÓN. UN DÚO INSEPARABLE

Nuestras emociones (y sensaciones) y nuestra intuición están estrechamente relacionadas. Las experiencias emocionales pasadas influyen en nuestras corazonadas, y la intuición, a su vez, afecta cómo nos sentimos en determinadas situaciones.

Las emociones actúan como filtros a través de los cuales interpretamos el mundo. Si una situación nos hace sentir incómodos, nuestra intuición nos alerta para que procedamos con cautela. Por el contrario, si algo nos genera entusiasmo, es probable que nuestra intuición nos impulse a seguir adelante. Esta interacción constante entre emociones e intuición nos ayuda a tomar decisiones más alineadas con nuestros valores y deseos.

En momentos de peligro, la intuición puede ser una herramienta salvavidas. Nuestro cerebro procesa rápidamente señales del entorno y nos envía alertas intuitivas para que reaccionemos de inmediato. Por ejemplo, al caminar por una calle oscura, podríamos sentir una corazonada de que algo no está bien y decidir cambiar de ruta, evitando potenciales riesgos.

Si no, párate a pensar en cómo hablas muchas veces de la intuición, de eso que sabes y no puedes explicar, de esa persona que te «huele mal», de esa sensación que te dio algo y dices: «Sentí un pálpito», de esa voz que creíste escuchar para no continuar y lo comentas con la frase: «Algo me dijo que NO». Pues bien, ¿quién es esa voz, ese pálpito, ese olfato, esa visión clara o no de algo? Claramente tu intuición.

También la intuición juega un papel fundamental en nuestras interacciones sociales. Nos ayuda a comprender a los demás, a percibir sus emociones y a responder de manera adecuada, incluso cuando no se expresan verbalmente. Gran parte de la comunicación humana es no verbal. Nuestra intuición nos permite captar señales sutiles, como el tono de voz, la postura corporal o las expresiones faciales, ayudándonos a interpretar el verdadero significado detrás de las palabras.

Y también es una aliada para generar y desarrollar empatía, esa capacidad de ponerse en el lugar del otro. Al sintonizar con nuestras corazonadas, podemos comprender mejor las necesidades y sentimientos de quienes nos rodean, fortaleciendo nuestras relaciones personales.

En el ámbito laboral, la intuición es sin duda una aliada poderosa. Más allá de los datos y análisis, esa corazonada que sientes al tomar una decisión puede marcar la diferencia entre el éxito y el fracaso. Imagina que eres un emprendedor y debes decidir si lanzar un nuevo producto al mercado. Aunque los estudios de mercado son favorables, sientes una corazonada que te dice que aún no es el momento adecuado. Decides esperar y, poco después, surge una tendencia que hace que tu producto sea aún más relevante. Esa intuición, esa voz interior, te permitió tomar una decisión estratégica acertada.

Los líderes efectivos a menudo confían en su intuición para guiar a sus equipos. Pueden percibir el estado de ánimo del grupo, anticipar conflictos y tomar decisiones que fomenten un ambiente de trabajo positivo. La intuición les permite adaptarse rápidamente a situaciones cambiantes y liderar con empatía y comprensión.

Ya sea elegir una carrera, una pareja o un lugar para vivir, nuestra intuición puede guiarnos hacia opciones que realmente resuenen con nosotros. Al escuchar esa voz interna, podemos tomar decisiones que nos lleven a una mayor realización personal.

Confiar en nuestra intuición puede tener un impacto positivo en nuestro bienestar general. Nos permite tomar decisiones más alineadas con nuestros valores y necesidades, lo que conduce a una vida más satisfactoria y equilibrada.

INTUICIÓN Y CREATIVIDAD. UN DÚO DINÁMICO

La creatividad y la intuición están intrínsecamente relacionadas. La capacidad de generar ideas innovadoras a menudo surge de una intuición profunda que nos guía más allá de lo evidente.

Artistas de diversas disciplinas confían en su intuición para crear obras que resuenen con el público. Un pintor puede elegir colores y formas basándose en una sensación interna, mientras que un músico compone melodías que siente que son bellas. Esta conexión intuitiva permite que el arte transmita emociones de manera auténtica.

En el mundo de la ciencia y la tecnología, la intuición ha sido clave para numerosos descubrimientos e innovaciones. Por ejemplo, la estructura del ADN fue descubierta gracias a una corazonada sobre su forma de doble hélice. La intuición permite a los innovadores conectar conceptos dispares y encontrar soluciones creativas a problemas complejos.

EL «OLFATO CLÍNICO» EN ACCIÓN

En el ámbito de la medicina, los presentimientos de sus profesionales suelen convertirse en una herramienta valiosa a la que se suele llamar «olfato clínico».

Pensemos en un médico experimentado que, al ver a un paciente, siente que algo no encaja, aunque los análisis iniciales no muestren nada alarmante. Es como si una voz le susurrara al oído: «Investiga un poco más». Esta intuición, cultivada a lo largo de años de experiencia, puede ser crucial para detectar enfermedades en etapas tempranas o diagnosticar condiciones raras.

Esta intuición médica no es magia ni adivinación. Un profesional de la salud puede intuir cuál es el diagnóstico acertado basándose en patrones que ha visto una y otra vez.

SALUD MENTAL Y BIENESTAR PERSONAL

La intuición también juega un papel en nuestra salud mental. Nos ayuda a reconocer cuándo necesitamos descansar, buscar apoyo o hacer cambios en nuestra vida. Al prestar atención a estas señales internas, podemos prevenir el agotamiento y mantener un equilibrio emocional saludable.

Confiar en nuestra intuición puede tener un impacto positivo en nuestro bienestar general, ya que fortalece el equilibrio emocional mediante la toma de decisiones alineadas con nuestros valores. Ya sea a la hora de elegir una carrera, una pareja o un lugar para vivir, nuestra intuición puede guiarnos hacia opciones que realmente resuenen con nosotros. Al escuchar esa voz interna, podemos tomar decisiones que nos lleven a una mayor realización personal.

EN EL APRENDIZAJE Y LA EDUCACIÓN

La intuición no solo es útil en la vida adulta, también desempeña un papel crucial en el aprendizaje y la educación. Desde una edad temprana, los niños utilizan su intuición para explorar el mundo que los rodea, tomar decisiones y resolver problemas. Una herramienta muy útil en su educación consiste en enseñarles a seguir confiando en su instinto.

Los educadores pueden crear entornos que fomenten la intuición permitiendo que los estudiantes tomen decisiones, exploren soluciones creativas y reflexionen sobre sus procesos de pensamiento. Actividades como debates abiertos, proyectos creativos y resolución de problemas sin guías estrictas pueden estimular el pensamiento intuitivo.

Además, estimular el aprendizaje autodirigido es otra estrategia interesante. Consiste en permitir que los estudiantes sigan sus intereses y pasiones. Cuando exploran temas que les fascinan, aprenden a confiar en sus corazonadas y a profundizar en áreas que les resultan significativas para sus inclinaciones personales o profesionales en el futuro.

ESTRATEGIAS EFECTIVAS

LA INTUICIÓN ES COMO UN MÚSCULO: PUEDES FORTALECERLA MEDIANTE LA PRÁCTICA.

Aunque todos poseemos intuición, es posible desarrollarla y afinarla. ¿Cómo?

1. Practica la meditación y la atención plena

La meditación y otras prácticas de atención plena como el *mindfulness* son herramientas poderosas para calmar la mente y reducir el ruido externo con el fin de conectar con nuestro interior. Cuando la mente está en calma, es más fácil escuchar las señales sutiles de nuestra intuición, ya que no tienen que competir con los pensamientos constantes o las preocupaciones.

La atención plena consiste en observar nuestro entorno y las señales que recibimos sin juicio. Esto nos permite estar más presentes y sintonizados con nuestras sensaciones internas, facilitando el acceso a nuestra intuición. No busques nada, solo observa.

Dedica unos minutos cada día a sentarte en silencio, cerrando los ojos y concentrándote en tu respiración. Deja que los pensamientos pasen sin aferrarte a ellos. Al principio puede parecer difícil, pero con el tiempo aprenderás a reconocer cómo se manifiesta tu intuición.

2. Escucha a tu cuerpo

Las señales intuitivas a menudo se manifiestan físicamente, gracias a que nuestro cuerpo se encarga de emitirlas cuando percibe que algo está bien o mal. Aprende a reconocer cómo se siente tu cuerpo en distintas situaciones.

Antes de tomar una decisión, dedica unos segundos a hacerte un escaneo. Cierra los ojos, respira profundo y repasa las partes de tu cuerpo: ¿sientes tensión en los hombros o en el cuello?, ¿un ligero dolor de cabeza?, ¿sensación de calma?, ¿escalofríos?, ¿nudo en el estómago?, ¿palpitaciones?, ¿sudor?... Estas señales pueden ser pistas sobre lo que tu intuición intenta decirte. Con el tiempo, aprenderás a identificar las señales físicas que te indican cuando una decisión la sientes adecuada o no a nivel intuitivo.

3. Hazte preguntas intuitivas

Una forma sencilla de conectar con tu intuición es hacerte preguntas y escuchar las primeras respuestas que surgen sin pensar.

Siéntate en un lugar tranquilo, respira profundo y plantéate cuestiones como «¿Debería aceptar este trabajo?» o «¿Esta persona es confiable?». Después escucha las primeras sensaciones o respuestas que surgen. No las juzgues ni analices demasiado. Aprenderás a identificar la diferencia entre una respuesta intuitiva (rápida y clara) y una respuesta lógica o racional (más analítica y/o con dudas). Es posible incluso que te suceda, si abres todos tus sentidos, que de repente escuches un mensaje en la tele que parezca hecho para ti, o un cartel por la calle, o la letra de una canción que aparece de la nada; no lo busques pero no lo bloquees, tan solo observa.

4. Vive el momento presente

Estar plenamente presente en tus actividades diarias te permite sintonizar con tu intuición y las señales que te envía, te conectan a ti.

5. Confía en tu instinto y en las primeras impresiones

Para mejorar tu intuición, es fundamental otorgarle credibilidad. Empieza por considerar tus corazonadas en las decisiones diarias y observa los resultados. Recuerda que las primeras impresiones son a menudo una manifestación de la intuición. La próxima vez que conozcas a alguien o enfrentes una nueva situación, presta atención a tus primeras impresiones y sensaciones sin juicio. Comenzarás a notar que pueden ser bastante precisas.

6. Aprende de tus errores

Cuando tu intuición no funcione como esperabas, no te castigues. Cada error es una oportunidad para afinar tus habilidades y entender mejor cómo opera tu mente y tu cuerpo. Aprende de ti, esta es una gran estrategia para afinar la intuición. Si alguna vez creíste que tu sentir era intuición y falló, analiza por qué, qué escuchaste, y úsalo como aprendizaje. Observa y date cuenta de si estabas muy mediado por el miedo o el deseo.

7. Análisis retrospectivo

Reflexiona sobre tus decisiones pasadas y analiza qué te llevó a tomarlas. Identifica cuándo tu intuición fue correcta y cuándo no, y trata de entender las razones que provocaron cada resultado. Identifica tus propias señales intuitivas, esto es realmente un superpoder que, sin ser magia, te parecerá mágico.

8. Escucha activa

Practica la escucha activa en tus conversaciones diarias. Trata de entender no solo las palabras, sino también los sentimientos y pensamientos no expresados, y trata de ver con el corazón qué hay más allá de las palabras. Esto te ayudará a desarrollar una intuición social más afinada.

9. Practica la empatía

Intenta ponerte en la piel de otras personas y comprender sus perspectivas y sentimientos. La empatía mejora la intuición social y emocional.

RIESGOS Y CONSIDERACIONES

Es importante tener en cuenta que la intuición no siempre es infalible. Aunque sea una aliada poderosa, también tiene sus bemoles: confiar ciegamente en ella puede llevarnos por caminos equivocados. Y esto sucede porque esté influenciada por sesgos cognitivos, emociones fuertes o experiencias limitadas.

Los sesgos cognitivos son una especie de trampas que nos tiende nuestra propia mente. Es muy útil que veamos la mente como un jardín: si no la cuidamos, pueden crecer malas hierbas en forma de sesgos cognitivos. Estos pueden distorsionar nuestra percepción y hacernos creer que nuestra intuición es infalible, cuando en realidad está influenciada por prejuicios o experiencias pasadas que no deberíamos aplicar en el contexto actual.

Por eso, confiar únicamente en la intuición es como navegar un barco dejándose llevar por el viento en las velas, sin mapas ni brújula. Es esencial que equilibremos nuestras corazonadas con un análisis racional de datos concretos. Este equilibrio nos permite tomar decisiones más informadas y evitar errores que podrían haberse prevenido con un poco más de reflexión. Este análisis crítico es fundamental especialmente en decisiones importantes.

En definitiva, usemos la intuición como herramienta, no como guía absoluta. Debe ser como ese condimento especial que puede realzar el sabor de nuestras decisiones, pero no puede convertirse en el ingrediente principal. Reconociendo sus fortalezas y limitaciones, podemos aprovechar al máximo nuestra intuición sin caer en sus posibles trampas.

Además, debemos tener en cuenta que la intuición no siempre es transferible: lo que funciona para una persona puede no ser aplicable a otra.

La intuición es personal y está moldeada por nuestras experiencias únicas. Por ello, es fundamental reconocer sus limitaciones y no asumir que nuestras corazonadas serán siempre acertadas en todas las situaciones.

¿QUÉ HACER SI TE EQUIVOCAS?

1. Reflexión y aprendizaje

Analiza por qué falló la intuición. ¿Hubo algún sesgo o experiencia previa que la influenció negativamente? Aprende de ti.

2. Mejora continua

Utiliza los errores como oportunidades de aprendizaje para mejorar tu intuición. Cada error te proporciona más información y experiencia.

3. Combina intuición con análisis

Para decisiones críticas, complementa la intuición con un análisis lógico y datos objetivos.

2
LA HISTORIA DEL ESTUDIO DE LA INTUICIÓN

La intuición ha sido un tema de fascinación y debate a lo largo de la historia humana. Desde las primeras civilizaciones hasta la ciencia moderna, ha sido reconocida como una forma de conocimiento que trasciende el pensamiento lógico y analítico.

Es muy interesante que exploremos la historia del estudio de la intuición, desde sus primeras menciones en la filosofía antigua hasta los enfoques contemporáneos en psicología y neurociencia, ya que la intuición ha sido un faro en la historia de la humanidad, que nos ha guiado mucho antes de que pudiéramos nombrarla.

Así, cuando todavía no era más que esa sensación súbita, se convirtió en la chispa que iluminó decisiones cruciales, en la advertencia silenciosa que nos salvó del peligro y en el impulso inexplicable que nos llevó a descubrir tierras nuevas, ideas revolucionarias y caminos inexplorados.

¿De dónde surge este misterioso poder que parece brotar desde un lugar más allá de la razón? Para entenderlo, debemos viajar al pasado, a un tiempo en el que la supervivencia dependía de la capacidad de *leer* los sutiles mensajes de nuestro entorno. Imagina a nuestros ancestros luchando contra depredadores, buscando alimento, evaluando aliados. No disponían de libros ni algoritmos, pero tenían un saber que provenía de sus experiencias y sensaciones. Ese saber, esa herramienta ancestral, fue nuestra primera intuición.

LOS ORÍGENES. ENTRE LA SUPERVIVENCIA Y LA ESPIRITUALIDAD

La intuición comenzó como una necesidad biológica. En el amanecer de la humanidad, cuando la vida era una danza precaria entre la caza y el ser cazado, la intuición actuaba como un sistema de alerta temprana. Era el eco de millones de años de evolución.

Una sombra que pasaba entre los árboles podía ser un león o el viento, pero algo interior sabía la diferencia antes de que el ojo pudiera confirmarlo. Ese «algo» no era magia, era un complejo sistema neuronal que procesaba patrones en milésimas de segundo, comparándolos con experiencias pasadas. Si el cerebro detectaba un peligro potencial, disparaba una señal que decía: «Corre».

Y esa señal, esa certeza sin pruebas, no solo los ayudó a escapar de depredadores; también fue clave para identificar oportunidades: un árbol cargado de frutos, una ruta segura, un compañero en quien confiar. Este instinto, perfeccionado por generaciones, nos permitió no solo sobrevivir, sino prosperar y evolucionar.

A medida que el ser humano dejó de ser nómada y empezó a construir aldeas, se dedicó a observar las estrellas y preguntarse sobre su lugar en el universo. Las primeras civilizaciones no entendían los fenómenos naturales, pero intuían que había algo más grande detrás de ellos. Así nacieron los mitos, las religiones y las creencias en fuerzas superiores. Y la intuición dejó de ser solo un recurso práctico e instintivo de supervivencia. Se convirtió en un puente hacia lo sagrado.

Muchas culturas antiguas la consideraron un regalo divino, una forma de conexión con lo trascendental. Era como si, al confiar en esa voz interna, los humanos estuvieran escuchando a los dioses o accediendo a verdades universales.

ANTIGUO ORIENTE

La intuición ha fascinado a los filósofos desde tiempos inmemoriales. Siempre fue vista como algo misterioso, un saber que parecía brotar desde lo más profundo de nuestro ser. Y en ella encontraron un puente entre lo tangible y lo intangible, entre el mundo físico y el mundo de las ideas.

En el siglo VI a. C., las tradiciones filosóficas y religiosas del Antiguo Oriente ya dieron muestra de cuánto valoraban la intuición. Por ejemplo, con las enseñanzas de Buda Gautama. En el budismo, el conocimiento intuitivo es crucial para alcanzar la iluminación. A través de la meditación y la práctica espiritual, uno puede desarrollar una comprensión intuitiva de la naturaleza de la realidad, que va más allá del pensamiento conceptual.

Por su parte, en la filosofía india, especialmente en el vedanta, la intuición es vista como una forma de conocimiento superior que trasciende el intelecto y permite la realización del *atman* (el yo interior) y del *brahman* (la realidad última).

LOS FILÓSOFOS CLÁSICOS

En la Antigua Grecia, ya en el siglo v a. C. Sócrates hablaba de su *daimon,* una especie de guía espiritual que le advertía sobre las decisiones que podían resultar equivocadas. Para Sócrates, esa voz interna no era otra cosa que la manifestación de una verdad más elevada, algo que trascendía la lógica y residía en lo profundo del alma.

Su discípulo Platón llevó esta idea más lejos, a un plano más trascendental, argumentando que la intuición era una forma de recordar las verdades eternas que nuestra alma había conocido antes de nacer. Platón defendía que el alma humana existía antes del nacimiento en un reino de perfección: el mundo de las ideas. En ese lugar, el alma había contemplado las verdades eternas, conceptos puros e inmutables, como la justicia, la belleza y el amor. Al encarnarse en un cuerpo humano, el alma olvidaba esas verdades, pero no las perdía por completo. Permanecían ocultas, esperando a ser recordadas.

La intuición, para Platón, era precisamente ese proceso de

revival, es decir, el acto de recordar lo que el alma ya conocía. Por eso, cuando comprendemos algo de manera intuitiva, no estamos aprendiendo algo nuevo, sino recuperando un fragmento de esa sabiduría universal que siempre ha estado con nosotros. La consideraba un conocimiento innato que todos llevamos dentro, un acceso directo a un mundo de ideas puras.

Platón ilustró esta idea en su famosa alegoría de la caverna: unos prisioneros, encadenados desde su nacimiento, solo pueden ver sombras proyectadas en una pared. La intuición es el momento en que uno de ellos se libera, se da la vuelta y ve la realidad directamente, sin intermediarios. Ese instante de claridad, ese destello que ilumina lo que siempre estuvo ahí, es la esencia de la intuición platónica.

Ya en el siglo IV a. C., su más insigne discípulo, Aristóteles, aportó una visión más práctica de la intuición, entendida como un razonamiento rápido. Para él, no se trataba de recordar verdades eternas, sino de captar principios fundamentales de manera directa e inmediata. Aristóteles llamó a esta capacidad *nous* y la consideró una de las formas más altas de conocimiento.

En lugar de basarse en un reino ideal, Aristóteles veía la intuición como un producto de la experiencia acumulada. Cuando nos enfrentamos a una situación, nuestro cerebro analiza patrones y conexiones de manera casi automática. Según Aristóteles, la intuición era una forma de razonamiento rápido que nos permitía llegar a conclusiones sin pasar por el largo proceso de la lógica formal.

LA EDAD MEDIA Y EL RENACIMIENTO

Durante la Edad Media, la intuición siguió siendo un tema de interés, aunque se enmarcó principalmente en un contexto teológico, algo eclipsada por el dominio de la religión y la lógica escolástica.

En la tradición cristiana, san Agustín escribió extensamente sobre la intuición. Para él, era una forma de conocimiento divino, una iluminación interior que proviene de Dios y que nos permite comprender las verdades eternas.

Más adelante, Tomás de Aquino desarrolló una teoría más sistemática sobre la intuición. Influenciado por Aristóteles, Aquino distinguió entre el conocimiento intuitivo y el discursivo, argumentando que los seres humanos pueden tener un conocimiento directo de ciertos principios fundamentales, aunque también enfatizó la necesidad de la razón y la lógica.

El Renacimiento trajo un resurgimiento del interés en la intuición, impulsado por un renovado enfoque en el humanismo y la ciencia.

Uno de sus máximos exponentes, Leonardo da Vinci, valoró la intuición como una herramienta esencial para la creatividad y para el descubrimiento científico. Para él, la intuición permitía una comprensión profunda de la naturaleza y del arte, que no siempre podía ser capturada a través de métodos analíticos.

EL RACIONALISMO: DE LO MÁGICO A LO TANGIBLE

Ya en el XVII, René Descartes, el padre del racionalismo, llegó a una conclusión que sorprendió a muchos: la intuición no solo era compatible con la razón, sino que era su fundamento. Aunque Descartes es conocido por su énfasis en el pensamiento lógico y sistemático, reconoció que el razonamiento no siempre podía proporcionar la certeza que buscaba. Necesitaba algo más: un punto de partida indudable.

Ese punto de partida le llegó en forma de intuición. Su famosa frase «Pienso, luego existo» no fue el resultado de un largo razonamiento, sino de un momento de claridad intuitiva de certeza absoluta. En un instante, Descartes comprendió que, incluso si dudaba de todo, no podía dudar de que estaba dudando, y, por tanto, de que existía como ser pensante.

Para Descartes, la intuición era una «luz natural», una chispa de verdad que surge directamente en la mente sin necesidad de deducción. Aunque dedicó su vida a desarrollar un método racional para alcanzar el conocimiento, siempre reconoció que el primer reconocimiento de una verdad fundamental era, en esencia, intuitivo.

En su obra *Meditaciones metafísicas,* Descartes describe la intuición como una «visión del alma» que permite aprehender ideas claras y distintas de manera inmediata.

LA ILUSTRACIÓN Y EL SIGLO XIX

Durante los siglos XVIII y XIX, la revolución científica y la Ilustración promovieron la razón y la evidencia empírica como pilares del conocimiento, relegando la intuición al ámbito de lo irracional y subjetivo.

Sin embargo, un filósofo de primera línea como fue Immanuel Kant ofreció una reconciliación entre la intuición y el empirismo. En su *Crítica de la razón pura,* Kant distingue entre la intuición sensible, que es la forma en que percibimos el mundo a través de los sentidos, y la intuición pura, que está relacionada con las formas *a priori* atribuidas a la sensibilidad (espacio y tiempo). Según Kant, nuestras intuiciones sensibles son fundamentales para toda experiencia y conocimiento. Argumentó que nuestra percepción del tiempo y el espacio no proviene de la experiencia, sino de una intuición innata. Por su parte, Schopenhauer veía la intuición como la clave para trascender la voluntad y acceder a una realidad más profunda.

El Romanticismo trajo un renovado interés en la intuición como una forma de conocimiento más profunda y auténtica que la mera razón analítica.

Ya a finales del siglo XIX, el filósofo francés Henri Bergson desarrolló una teoría de la intuición que contrastaba con la lógica y el análisis. Para Bergson, la intuición es una forma de conocimiento directo y experiencial que nos permite captar la duración y el flujo de la vida, algo que la razón no puede aprehender completamente.

LAS CULTURAS ACTUALES

Cada cultura tiene su propia forma de interpretar y valorar la intuición. En la tradición oriental, la intuición sigue ocupando un lugar privilegiado.

En Japón existe el concepto de *hara,* que se refiere al centro físico y espiritual del cuerpo, ubicado en el abdomen. Los japoneses lo entienden como la fuente de energía vital y de la intuición. Así, consideran que una persona con un *hara* fuerte posee equilibrio interior y capacidad para tomar decisiones acertadas, gracias a que confía en su intuición para guiar sus acciones. También creen que pensar demasiado puede alejarnos de la verdad, mientras que confiar en el *hara* nos conecta con una sabiduría más profunda. Es una conexión entre el cuerpo y la mente.

El taoísmo, una filosofía originada en China, enfatiza la importancia de vivir en armonía con el Tao, que puede traducirse como «el camino» o «la vía». Este concepto implica fluir con la energía universal, confiando en la sabiduría intuitiva que surge de la conexión con el todo. El principio de Wu Wei, o «acción sin esfuerzo», promueve actuar de acuerdo con la naturaleza, permitiendo que la intuición guíe las acciones sin forzar resultados.

En África, muchas culturas tradicionales confían en los sueños y las visiones como formas de conocimiento intuitivo. Los chamanes, por ejemplo, interpretan los mensajes del mundo espiritual para guiar a sus comunidades.

Para muchas religiones, la intuición era un puente entre lo humano y lo divino, una forma de acceder a verdades que la razón no podía alcanzar.

En el hinduismo, la intuición se asocia con el «tercer ojo», un símbolo de percepción más allá de los sentidos físicos. Este tercer ojo, ubicado entre las cejas, representa la capacidad de ver lo invisible, de captar la esencia de las cosas sin necesidad de analizarlas. La intuición, en la tradición hinduista, es una forma de sabiduría espiritual, una conexión directa con el universo.

Por su parte, en las tradiciones chamánicas, los líderes espirituales han confiado siempre en visiones intuitivas para guiar a sus comunidades. Los chamanes, considerados intermediarios entre el mundo físico y el espiritual, utilizan estados de trance y rituales para acceder a un conocimiento que trasciende la lógica. Estas visiones, a menudo interpretadas como mensajes de los dioses o los espíritus de la naturaleza, son una expresión pura de intuición.

En el budismo, la intuición se entiende como un estado de claridad que surge cuando la mente se libera del ruido del pensamiento racional. Es ese momento en el que la verdad simplemente «se revela». Este concepto está estrechamente relacionado con el *mindfulness,* la práctica de estar plenamente presentes en el aquí y ahora, dejando que la sabiduría intuitiva emerja de manera natural.

En el cristianismo, a menudo se la relaciona con la «voz de Dios», esa inspiración que guio a profetas y santos a lo largo de la historia.

Y en el islam existe el concepto de *firasa,* un don intuitivo otorgado por Alá que permite discernir la verdad en situaciones complejas.

En el mundo occidental, influenciado por el racionalismo y la ciencia, la intuición ha sido vista con cierto escepticismo. Las culturas basadas en el pensamiento lógico y analítico tienden a desconfiar de lo que no puede ser explicado. Sin embargo, esto está cambiando. En un mundo dominado por el exceso de información, cada vez más personas buscan reconectar con esa voz interna que parece saber lo que la mente consciente ignora.

DIFERENCIAS ENTRE ORIENTE Y OCCIDENTE

Las diferencias en la percepción de la intuición entre Oriente y Occidente reflejan enfoques filosóficos y culturales distintos, que se pueden resumir en los conceptos de pensamiento holístico y analítico.

Las culturas orientales suelen adoptar un enfoque holístico, de forma que ven el mundo como una totalidad interconectada, lo que facilita la confianza en la intuición como medio para comprender la realidad. En contraste con esta cosmogonía, las culturas occidentales tienden a un pensamiento analítico, que descompone los fenómenos en partes y confía en la lógica para entenderlos, lo que puede llevar a una menor valoración de la intuición.

Otros dos factores que distinguen ambas formas, razón e intuición, de entender el mundo, son la espiritualidad y la conexión con la naturaleza. En Oriente, ambos son fundamentales, y la intuición se ve como un puente hacia estas dimensiones. En Occidente, la secularización y el énfasis en la ciencia han llevado a una visión más escéptica de la intuición, aunque esto está cambiando en tiempos recientes.

Recuerda que la intuición es una facultad humana universal, valorada y comprendida de diversas maneras según el contexto cultural. Mientras que las tradiciones orientales la han integrado profundamente en su filosofía y prácticas espirituales, las occidentales han mostrado una relación más ambivalente, aunque en transformación.

Reconocer y apreciar estas diferencias nos permite una comprensión más rica de la intuición y su papel en la experiencia humana, abriendo puertas para integrar lo mejor de ambos enfoques en nuestra vida cotidiana.

EL RENACIMIENTO DE LA INTUICIÓN

Hoy vivimos un renacimiento de la intuición. Libros, talleres y conferencias nos invitan a confiar en esa voz interna, a escuchar lo que nuestra mente consciente a menudo ignora, esas señales sutiles que nos hablan desde dentro. Desde el coaching empresarial hasta las terapias holísticas, la intuición se ha convertido en una herramienta clave para la toma de decisiones en todos los ámbitos de la vida.

Sin embargo, este renacimiento no significa abandonar la razón. Al contrario, se trata de equilibrar ambos aspectos.

LA INTUICIÓN Y LA LÓGICA NO SON ENEMIGAS; SON ALIADAS.

Como dos caras de una misma moneda, ambas son necesarias para navegar la complejidad de la vida moderna.

Este interés por la intuición tampoco es un regreso al misticismo sin fundamento. Al contrario, es un intento de integrar lo mejor de dos mundos: la lógica y la emoción, la razón y el instinto, el análisis y la intuición. Debemos entender que ambas partes son necesarias, que el ser humano no es solo un cerebro calculador, sino también un corazón que siente y una mente que intuye.

Hoy la neurociencia nos ofrece una perspectiva fascinante sobre la intuición, gracias a que ha avanzado mucho en la comprensión de los mecanismos cerebrales que sustentan la intuición. Varios estudios sugieren que estructuras como el núcleo caudado —que forma parte de los ganglios basales en la estructura subcortical del cerebro humano— desempeña un papel crucial en los procesos intuitivos. Esta región del cerebro está implicada en la formación de hábitos y en la toma de decisiones rápidas basadas en experiencias previas, lo que respalda la idea de que la intuición se nutre de nuestro bagaje acumulado.

Investigaciones recientes también han demostrado que el cerebro procesa información a una velocidad mucho mayor de la que somos conscientes. En fracciones de segundo, analiza patrones, detecta anomalías y sugiere decisiones antes de que podamos racionalizarlas. Esto explica por qué a veces *sabemos* algo sin saber por qué lo sabemos. La intuición, al fin y al cabo, no es magia, sino un atajo cerebral, un mecanismo eficiente diseñado por la evolución.

Incluso en este mundo dominado por la lógica y la tecnología, la intuición sigue siendo un tema de debate y fascinación. En muchas disciplinas, desde la psicología hasta la neurociencia, estamos redescubriendo su importancia, no solo como un vestigio del pasado, sino como una habilidad crucial para enfrentar los desafíos del presente.

NUESTRO LEGADO MÁS HUMANO

Y precisamente en este mundo actual, donde los datos y la inteligencia artificial parecen reinar, la intuición nos recuerda algo profundamente humano. Nos recuerda que no todo puede ser calculado, que hay caminos que solo se encuentran cuando dejamos de buscar, que a veces la respuesta está dentro, esperando a que confiemos en ella.

La intuición es nuestro legado más antiguo y, al mismo tiempo, nuestra herramienta más moderna.

LA INTUICIÓN ES LA CHISPA QUE UNE
LO ANCESTRAL CON LO ACTUAL, LO INSTINTIVO
CON LO CONSCIENTE, LO MÁGICO CON
LO CIENTÍFICO.

Y en esa unión, quizá, resida la clave para vivir una vida más plena, auténtica y conectada.

En esencia, la intuición es una herramienta de supervivencia que ha evolucionado al igual que lo ha hecho el ser humano. Nace en las profundidades de nuestro cerebro, en regiones como la amígdala y el sistema límbico, encargadas de procesar las emociones y detectar amenazas. A diferencia del pensamiento racional, que requiere tiempo y esfuerzo, la intuición opera en un segundo plano, es rápida y automática. Desde una perspectiva de supervivencia la intuición es como un piloto automático que se activa en situaciones de incertidumbre.

Desde la ciencia actual, ya no se ve la intuición como algo mágico, sino como un atajo evolutivo diseñado para tomar decisiones rápidas con datos incompletos.

UNA HERRAMIENTA ATEMPORAL

A modo de conclusión de este breve recorrido histórico, podemos decir que si algo nos enseñaron Platón, Aristóteles y Descartes es que la intuición no es algo nuevo ni exclusivo de ciertos individuos. Es una capacidad universal, profundamente humana, que trasciende el tiempo y el contexto. Tanto si la vemos como un recuerdo de verdades eternas, como un razonamiento rápido o como una chispa de certeza absoluta, la intuición es una herramienta que nos conecta con lo más esencial de nosotros mismos.

En un mundo donde a menudo nos sentimos abrumados por la información, la rapidez, las prisas, la sobreestimulación y las opciones, quizá sea el momento de detenernos, y aprender a escuchar esa voz interna y confiar en nuestra capacidad de intuir. Porque, como lo sabían los grandes filósofos, a veces la verdad más profunda no se encuentra al final de un largo razonamiento, sino en el primer destello de claridad interior.

En última instancia, la intuición sigue siendo un misterio fascinante. Es una herramienta práctica y un regalo espiritual, una mezcla de biología, experiencia y conexión con algo más grande que nosotros que aún no podemos explicar a nivel racional.

La intuición nos recuerda que, a pesar de los avances tecnológicos y el exceso de información, seguimos siendo seres profundamente humanos, guiados por ese saber que no siempre podemos explicar.

La intuición no es infalible, pero tampoco necesita serlo. Su valor no radica en ser una fórmula perfecta, sino en su capacidad para conectar lo visible con lo invisible, lo consciente con lo inconsciente, lo humano con lo trascendental. Y quizá ahí, en esa conexión, resida su verdadera magia.

En la actualidad, la neurociencia ofrece una perspectiva fascinante sobre la intuición, pero lo reduce de momento a un proceso mayoritariamente cerebral. Un estudio publicado en *PLOS Computational Biology* exploró cómo la actividad cerebral se correlaciona con la consciencia, sugiriendo que ciertas redes neuronales pueden operar sin que seamos conscientes de ello. Estos hallazgos respaldan la idea de que nuestro cerebro está constantemente procesando información de manera inconsciente, lo que contribuye a nuestras corazonadas o intuiciones.

Además, la teoría del procesamiento de la información en psicología cognitiva se centra en cómo percibimos, interpretamos, almacenamos y recuperamos información. Este enfoque ayuda a entender cómo la mente humana puede tomar decisiones rápidas basadas en experiencias previas y patrones reconocidos, sin una deliberación consciente.

En resumen, aunque la intuición fue vista con escepticismo durante el auge de la ciencia racional, tanto la historia de la ciencia como los descubrimientos neurocientíficos contemporáneos destacan su papel crucial en la toma de decisiones y en la generación de ideas innovadoras.

Lejos de ser un concepto mágico o místico, la intuición es una manifestación tangible de la complejidad y eficiencia del cerebro humano.

En última instancia, la intuición es mucho más que un proceso cerebral o una corazonada. Es un recordatorio de nuestra capacidad para conectar con lo invisible y tomar decisiones más auténticas. Es un regalo que llevamos dentro desde los primeros días de la humanidad.

En un mundo que avanza cada vez más rápido, la intuición nos invita a detenernos, a escuchar, a confiar en ese susurro que nos guía hacia lo verdadero. Porque, al final, la intuición no es solo algo que tenemos; es lo que somos. Y quizá, solo quizá, ahí resida el secreto de vivir una vida plena y conectada.

ESCUCHA A TU INTUICIÓN

ARTE Y CIENCIA INTUITIVOS

En la historia del arte, la intuición ha sido una musa eterna. En las primeras etapas de la humanidad, la intuición se percibía como un don divino, como una conexión directa con los dioses. Los antiguos griegos, por ejemplo, creían que las musas inspiraban a los poetas y artistas otorgándoles visiones y conocimientos que trascendían la comprensión racional.

Esta percepción de la intuición como un don místico perduró durante siglos, y llegó hasta artistas modernos, como Vincent van Gogh, Georgia O'Keeffe y Frida Kahlo, que no pintaban desde la razón, sino desde lo profundo de su ser, dejando que sus emociones y percepciones guiaran el pincel.

LA INTUICIÓN, EN EL ARTE, ES ESE PUENTE ENTRE LO INVISIBLE Y LO TANGIBLE, ENTRE EL CAOS Y LA BELLEZA.

Y, por su parte, la historia de la ciencia está repleta de ejemplos donde la intuición ha jugado un papel crucial. El químico Dmitri Mendeléyev, por ejemplo, concibió la tabla periódica de los elementos en un sueño, donde las propiedades de los elementos se organizaban de manera lógica y coherente. Este destello intuitivo le permitió prever la existencia de elementos aún no descubiertos, demostrando la capacidad de la mente humana para integrar información compleja de formas novedosas.

MÁS ALLÁ DE LA CIENCIA

La intuición no solo es relevante en el ámbito científico; también juega un papel fundamental en la toma de decisiones cotidianas. Los seres humanos a menudo confían en su intuición para navegar situaciones complejas donde la información es incompleta o ambigua. Este tipo de procesamiento rápido y automático es esencial para la supervivencia, permitiéndonos reaccionar de manera efectiva en entornos cambiantes.

Por ejemplo, un conductor experimentado puede intuir cuándo un peatón está a punto de cruzar la calle inesperadamente, basándose en señales sutiles y patrones de comportamiento observados previamente. Esta capacidad de anticipación intuitiva es resultado de la experiencia acumulada y del procesamiento inconsciente de información.

DIVERSAS TEORÍAS PSICOLÓGICAS

Con el surgimiento de la psicología como una ciencia independiente a finales del siglo XIX y principios del XX, la intuición comenzó a ser estudiada desde una perspectiva más empírica.

A lo largo de la historia, la intuición se ha entendido como un conocimiento inmediato, una forma de percepción que no necesita de razonamientos complejos ni pruebas visibles. Karl Bühler, un destacado psicólogo del siglo XX, fue el primero en describirla como una habilidad que varía entre las personas: algunas parecen tener un talento natural para «sentir» o «ver» más allá de lo evidente. Esta idea influyó profundamente en corrientes como la Gestalt y los estudios cognitivos posteriores.

Sigmund Freud reconocía la intuición como parte del inconsciente. Para él, muchos de nuestros pensamientos y comportamientos están influidos por procesos intuitivos que escapan a la conciencia racional.

Carl Jung fue uno de los primeros psicólogos en darle un papel central a la intuición. En su teoría de los tipos psicológicos, Jung describe la intuición como una de las cuatro funciones básicas de la mente, junto con la sensación, el pensamiento y el sentimiento. La intuición, según Jung, es una forma de percepción que permite captar posibilidades y significados más allá de la información sensorial inmediata.

En la segunda mitad del siglo xx, la psicología cognitiva comenzó a explorar la intuición desde una perspectiva más científica.

Daniel Kahneman y Amos Tversky fueron dos psicólogos que desarrollaron la teoría de los dos sistemas de pensamiento: el Sistema 1, que es rápido, automático e intuitivo, y el Sistema 2, que es lento, deliberado y analítico. Su trabajo ha demostrado cómo la intuición puede ser tanto útil como propensa a sesgos y errores.

En contraste con Kahneman y Tversky, Gary Klein ha estudiado cómo los expertos utilizan la intuición de manera efectiva en situaciones complejas y dinámicas. Su modelo de toma de decisiones por reconocimiento de patrones muestra cómo la intuición puede ser una forma válida y confiable de conocimiento en ciertos contextos.

La intuición ha sido clave en varias teorías psicológicas. En la Gestalt, por ejemplo, se relaciona con el concepto de *insight,* que es ese momento de «¡Eureka!» cuando, tras reflexionar sobre un problema, aparece una solución creativa y clara (Zhang *et al.,* 2016). Aunque están relacionados, intuición e *insight* no son lo mismo. Mientras la intuición es una reacción rápida y emocional ante una situación, el *insight* implica un proceso más profundo que requiere tiempo para incubarse y madurar. En otras palabras, la intuición es más instintiva, mientras que el *insight* aporta una comprensión más elaborada y creativa (Eskinazi y Giannopulu, 2021).

Con los avances en neurociencia, el estudio de la intuición ha adquirido una nueva dimensión, permitiendo una comprensión más detallada de sus bases biológicas.

El neurocientífico Antonio Damasio ha investigado cómo las emociones y los procesos corporales están involucrados en la toma de decisiones intuitivas. Su teoría del marcador somático sugiere que las señales fisiológicas (marcadores somáticos) guían nuestras decisiones intuitivas, ayudándonos a evaluar rápidamente las opciones basadas en experiencias pasadas.

Gerd Gigerenzer ha estudiado las heurísticas, que son reglas intuitivas que usamos para tomar decisiones rápidas y efectivas. Sus investigaciones muestran cómo estas heurísticas, aunque a menudo simplificadas, pueden ser sorprendentemente precisas y adaptativas.

Además, la teoría del procesamiento de la información en psicología cognitiva se centra en cómo percibimos, interpretamos, almacenamos y recuperamos información. Este enfoque ayuda a entender cómo la mente humana puede tomar decisiones rápidas basadas en experiencias previas y patrones reconocidos, sin una deliberación consciente.

Hoy la intuición se define como la capacidad de captar o comprender algo de forma instantánea, sin un razonamiento consciente (Adinolfi y Loia, 2022). Lo interesante es que las investigaciones modernas han empezado a vincular la intuición con aspectos neurocognitivos, demostrando que no es magia, sino el resultado de cómo nuestro cerebro procesa patrones y experiencias acumuladas.

La intuición juega un papel crucial en cómo tomamos decisiones, especialmente cuando nos enfrentamos a situaciones complejas o inciertas. Nuestro cerebro recurre a atajos mentales, conocidos como «heurísticos», para simplificar el proceso. Esto puede ser una ventaja, ya que permite respuestas rápidas y efectivas, pero también nos expone a errores o sesgos (McCrea, 2010). Por eso, aunque la intuición puede ser útil, lo ideal es combinarla con un pensamiento consciente y deliberado para mejorar la calidad de nuestras decisiones (Grehl y Tutić, 2022).

¿QUÉ SON LOS HEURÍSTICOS?

Los heurísticos son reglas prácticas o atajos mentales que nos ayudan a tomar decisiones de forma más eficiente.

Por ejemplo, el heurístico de disponibilidad nos lleva a valorar como más probables los eventos que recordamos con mayor facilidad, lo que puede hacer que sobreestimemos la frecuencia de sucesos raros pero impactantes, como los accidentes aéreos, mientras subestimamos otros más comunes, como los accidentes de tráfico.

Otros heurísticos, como el de representatividad, nos llevan a hacer juicios basados en estereotipos, mientras que el de anclaje y ajuste se basa en partir de una estimación inicial y modificarla a medida que llega nueva información (Meinert y Krämer, 2022).

MITOS SOBRE LA INTUICIÓN

Uno de los grandes mitos es que la intuición es una especie de poder sobrenatural o inexplicable. Nada más lejos de la realidad. Hoy sabemos que la intuición es un proceso complejo que depende de la experiencia previa y del aprendizaje acumulado. También existe la creencia errónea de que la intuición siempre es correcta, cuando en realidad puede estar sesgada por nuestras propias creencias y limitaciones. Por eso, aunque la intuición es valiosa, no debe ser el único recurso para tomar decisiones.

CONCLUSIÓN

El renacimiento de la intuición en nuestra sociedad refleja una creciente comprensión de la complejidad humana. Al integrar la intuición con el pensamiento analítico, podemos tomar

ESCUCHA A TU INTUICIÓN

decisiones más completas y auténticas, adaptándonos mejor a los desafíos de un mundo en constante cambio. Este equilibrio nos permite aprovechar plenamente nuestras capacidades, reconociendo la riqueza de nuestra mente consciente y la profundidad de nuestra sabiduría interna.

En la encrucijada de la era digital, donde los algoritmos y la inteligencia artificial dominan numerosos aspectos de nuestra existencia, la intuición emerge como un recordatorio de nuestra esencia más humana. Nos enseña que no todo puede ser reducido a datos o fórmulas; hay verdades que solo se revelan cuando permitimos que nuestra mente se sumerja en el silencio interior, donde las respuestas aguardan pacientemente a ser descubiertas.

La intuición es un legado ancestral, una herencia de nuestros antepasados que confiaban en sus corazonadas para sobrevivir y prosperar. Hoy, en un mundo saturado de información, esta capacidad innata se convierte en una herramienta moderna invaluable. Es la chispa que conecta lo instintivo con lo consciente, lo mágico con lo científico. En esta integración reside la clave para vivir de manera más plena, auténtica y conectada con nosotros mismos y con el entorno.

3
LA INTUICIÓN Y EL CEREBRO

¿Alguna vez has tenido una corazonada tan fuerte que no necesitaste pensar demasiado para saber qué hacer? Ese momento casi mágico, en el que algo dentro de ti grita: «¡Es por aquí!», incluso sin tener todas las pruebas frente a ti, lejos de ser un truco de magia, es un proceso cerebral fascinante que involucra años de experiencias, emociones y conexiones neuronales trabajando tras las bambalinas.

Este capítulo es como un viaje por los rincones del cerebro donde ocurre esa magia silenciosa, explorando qué es la intuición, cómo surge y por qué es tan poderosa en la toma de decisiones.

Cuando le preguntaron a Albert Einstein sobre el origen de su genialidad, no dudó en responder: «Creo en la intuición y en la inspiración. A veces siento que estoy en lo cierto, aunque aún no sepa que lo esté». Era mucho mejor confiar en esos instintos y probarlos más tarde que descartarlos de plano, le dijo al *Saturday Evening Post* en 1929.

El físico no era el único con esa filosofía. También fue, al parecer, una gran parte de la estrategia de Coco Chanel. «La moda está en el aire, nace del viento. Uno la intuye», dijo la famosa modista.

Puedes reconocer la sensación por ti mismo. Ya sea que estés buscando un apartamento nuevo, considerando un posible nuevo trabajo o juzgando la honestidad de alguien, es posible que tengas una corazonada inefable cuando algo está bien o mal, sin poder articular por qué razón. Puede ser tentador considerar nuestros instintos viscerales como una especie de sexto sentido misterioso, pero no hay necesidad de apelar a lo paranormal para explicar la intuición.

En las últimas dos décadas, los psicólogos y neurocientíficos han logrado grandes avances en la identificación de sus fuentes y su papel esencial en nuestras vidas.

A lo largo del camino, su investigación ha identificado las situaciones específicas en las que es probable que nuestra intuición nos lleve por el camino correcto y las veces que nos lleva por mal camino: un conocimiento que puede ayudarnos a todos a tomar mejores decisiones.

EL JUEGO DE AZAR DE IOWA

La comprensión científica de la intuición dispone de un juego de laboratorio conocido como el Juego de Azar de Iowa. En 1994, Antoine Bechara y su equipo idearon este experimento que es ya un clásico en el estudio de la intuición.

A los participantes de este experimento les presentan cuatro mazos de cartas en una pantalla de ordenador. Cada vez que

LA INTUICIÓN Y EL CEREBRO

dan vuelta a una carta, reciben una recompensa monetaria o una penalización.

Dos de los mazos tienden a ofrecer recompensas relativamente grandes, pero penalizaciones aún mayores, lo que significa que, en muchos turnos, conducirán a una pérdida. Los otros dos mazos ofrecen recompensas relativamente pequeñas, pero penalizaciones aún menores, lo que significa que son la opción más segura.

A los participantes no les dicen qué mazos de cartas van a ser rentables, pero después de unos cuarenta intentos, muchas personas empiezan a tener una corazonada de cuáles les darán mayores ganancias.

La mente no consciente de los participantes, al parecer, ha comenzado a distinguir los patrones de las ganancias y pérdidas, incluso si no pueden explicar la razón por la que están tomando estas decisiones, más allá de tener una corazonada.

Es importante destacar que las mejoras en el rendimiento a menudo siguen cambios fisiológicos sistemáticos a medida que los participantes toman sus decisiones.

Cuando comienzan a jugar con los mazos más arriesgados, por ejemplo, la mayoría empieza a mostrar una respuesta de estrés, como un ligero cambio en el ritmo cardiaco y sudoración en la piel.

Estos cambios, conocidos como «marcadores somáticos», parecen actuar como una advertencia que evita que el participante tome una decisión equivocada, y pueden ser la base de la sensación de tener una corazonada.

ESCUCHA A TU INTUICIÓN

EL OJO EXPERTO

A veces, hay algo que te dice qué hacer. Sin este tipo de intuición, las personas pueden encontrarse con serios problemas en la vida real.

Algunos pacientes neurológicos son incapaces de formar marcadores somáticos, por ejemplo. Sin intuición que los guíe, a menudo quedan atrapados en la «parálisis de análisis» cuando se les pide que elijan. Y cuando toman una decisión, no ven los riesgos en lo que están haciendo. Pueden invertir todo su dinero en una mala propuesta comercial, por ejemplo, en situaciones en que otros habrían tenido un fuerte instinto de desconfianza en la empresa.

Tales observaciones sugieren que nuestras intuiciones son una parte esencial de nuestro conjunto de herramientas para la toma de decisiones, que no deben ser pasadas por alto.

La evidencia de la importancia de la intuición es más fuerte en los estudios de detección de mentiras. La gente tiende a ser más precisa al juzgar la honestidad de alguien si se le pide que lo haga por instinto, que cuando se le pide que piense y verbalice sus razones.

En otras situaciones, la fuerza de nuestras intuiciones dependerá del alcance de nuestras experiencias.

El cerebro inconsciente rebusca en su conocimiento almacenado para encontrar la mejor respuesta a nuestros problemas, sin necesidad de que recordemos conscientemente los recuerdos precisos que alimentan esos sentimientos.

Vinod Vincent, profesor asociado de la Clayton State University en Georgia, Estados Unidos, lideró un estudio en 2021 en el que les presentó a los participantes respuestas de muestra de una variedad de candidatos que solicitaban empleo para que eligieran la mejor opción.

A algunos les pidieron que siguieran sus instintos. «Su decisión debe basarse en su primera impresión sobre los candidatos», les dijeron.

A otros los animaron a que usaran la deliberación, la lógica y el análisis. «Considere cuidadosamente toda la información disponible antes de tomar una decisión —les dijeron—. Ignore cualquier primera impresión o elección basada en el instinto».

Los estudiantes de pregrado que no tenían experiencia en reclutamiento pudieron determinar qué candidatos destacaban tras aplicar un escrutinio deliberado, sopesando los pros y los contras de cada uno. Cuando intentaron usar su intuición, generalmente fueron menos precisos.

Este no fue el caso de los expertos que habían trabajado en recursos humanos; tenían instintos muy precisos sobre qué candidato sería el más apropiado, sin necesidad de pensar, paso a paso, en los diferentes criterios. Y cuanta más experiencia tenían, mejores eran.

«Si es un experto, conocerá todas las idiosincrasias que pueden hacer que un candidato sea bueno en el trabajo, incluso si es difícil de articular una razón concreta», dice Vincent.

Vincent enfatiza que los instintos viscerales de las personas no deben reemplazar el pensamiento analítico, y debemos ser conscientes del hecho de que a veces pueden verse influenciados por sesgos inconscientes, como racismo, discriminación por edad o sexismo.

En general, sin embargo, su investigación confirma que los sentimientos intuitivos de un experto pueden ser fuentes importantes de información y deben desempeñar algún papel en el proceso de toma de decisiones.

INTELIGENCIA EMOCIONAL

Según las últimas investigaciones, la calidad de los instintos de una persona puede depender de su inteligencia emocional (IE) general. Y al aprender a fomentar nuestra IE, podemos fortalecer nuestra toma de decisiones intuitiva.

Los psicólogos evalúan la IE mediante una serie de preguntas que miden, por ejemplo, la capacidad de las personas para identificar las emociones expresadas en los rostros de los demás y su capacidad para predecir los cambios en el estado de ánimo de alguien, dadas sus circunstancias.

Jeremy Yip, profesor asistente de Administración en la Universidad de Georgetown en Washington D. C., comparó recientemente las calificaciones de IE de las personas con su desempeño en el Juego de Azar de Iowa.

Mientras que la mayoría de los participantes parecían mostrar una mayor respuesta de estrés cuando consideraban elegir los mazos *malos,* las personas con una IE más baja siempre malinterpretaban sus propias señales corporales.

Para estos participantes con una inteligencia emocional más baja, una mayor respuesta de estrés parecía actuar como un estímulo para arriesgarse y, en última instancia, perder.

LA INTUICIÓN Y EL CEREBRO

Simplemente no parecían reconocer el sentimiento como una advertencia.

«Es posible que hayan malinterpretado los signos como excitación, por lo que se volvieron más arriesgados», dice Yip.

Afortunadamente, es posible entrenar la IE.

Anna Alkozei de la Universidad de Arizona, en Tucson, Estados Unidos, diseñó recientemente un curso en línea con módulos que animaban a los alumnos a pensar más detenidamente sobre las formas en que se pueden percibir las diferentes emociones y las formas en que sentimientos como la excitación fisiológica pueden influir en la toma de decisiones.

A lo largo de dos clases semanales durante tres semanas, los participantes en el curso de Alkozei mostraron una mejora significativa en una prueba de IE, y esto se tradujo en un mejor desempeño en el Juego de Azar de Iowa. Los participantes en un grupo de control, que en cambio tomaron un curso en línea sobre el medio ambiente, no mostraron tales mejoras.

Si deseas afinar tu intuición, primero puedes tratar de ponerte en contacto con tus emociones de manera más general, cuestionando cuidadosamente qué es exactamente lo que sientes y las fuentes de ese estado de ánimo.

Con el tiempo, puede que te resulte más fácil discernir cuándo estás recibiendo una señal genuina y precisa.

Tus instintos nunca serán completamente infalibles, pero con la práctica pueden convertirse en una guía importante.

ESCUCHA A TU INTUICIÓN

UNA PERSPECTIVA CEREBRAL

Imagina que tu cerebro es como un gran archivo lleno de experiencias, recuerdos y patrones. Cada vez que vives algo nuevo, tu cerebro guarda esa información, aunque tú no te des cuenta. La intuición es la manera en que accedemos a esos archivos rápidamente cuando enfrentamos una situación similar.

Es como si tu cerebro hiciera un resumen instantáneo de toda la información que tiene guardada, sin que tú tengas que leer todo el libro.

Ahora bien, para entender cómo funciona la intuición, necesitamos conocer las áreas del cerebro que trabajan juntas para que esa sensación intuitiva ocurra. Aquí entra la neurociencia, que ha revelado que la intuición no ocurre en un solo lugar, sino que es el resultado de la colaboración entre varias partes del cerebro:

1. **La Red Neuronal por Defecto (RND).** Es como el «modo automático» del cerebro, activo cuando no estás pensando conscientemente. Es aquí donde la magia de la intuición sucede, procesando información mientras tú estás distraído Está implicada en la introspección y la imaginación, ayuda en la generación de ideas y soluciones basadas en la experiencia acumulada.

2. **Corteza prefrontal. La estratega silenciosa.** Es como el CEO del cerebro. Esta parte del cerebro, especialmente la corteza prefrontal ventromedial, es la principal coordinadora de nuestras decisiones. Procesa información

abstracta y evalúa riesgos. Ayuda a integrar experiencias pasadas y conocimiento acumulado para llegar a conclusiones rápidas. Cuando tienes una corazonada, es probable que esta área esté evaluando las posibles consecuencias, basándose en experiencias pasadas.

3. **Corteza parietal. El integrador de sentidos.** Esta región es como un experto en logística: recopila e integra toda la información espacial y sensorial que recibes (lo que ves, lo que oyes, lo que hueles, incluso lo que sientes en la piel) y la organiza de manera que tenga sentido, ya que eso ayuda a formar patrones. Al combinar estos datos con lo que ya sabes, la corteza parietal te da esa sensación de que algo tiene sentido... o no. Es como el pegamento que junta las piezas de lo que estás experimentando para generar esa sensación de saber.

4. **Sistema límbico. El guardián de las emociones.** Este es el corazón emocional de tu cerebro. Aquí es donde viven dos grandes estrellas: la amígdala, que evalúa en tiempo récord si una situación constituye una amenaza o una oportunidad (sí, como un radar emocional), y el hipocampo, que se encarga de buscar rápidamente en el archivo de recuerdos aquellos que estén relacionados con lo que estás viviendo. Son dos estructuras fundamentales y trabajan juntas para que puedas reaccionar de forma intuitiva, incluso antes de saber qué está pasando realmente.

5. **La amígdala. Tu detector emocional.** Lo llamamos así porque se dedica a procesar las emociones. Por eso pue-

de influir en decisiones intuitivas basadas en experiencias emocionales previas. Si alguna vez has sentido algo como «No sé, algo no me cuadra aquí», probablemente fue obra de la amígdala.

6. **Ínsula. El traductor corporal.** La ínsula es una especie de traductor entre tu cuerpo y tu mente. Te ayuda a sentir esas impresiones físicas, como el famoso nudo en el estómago, y a transmitirte que eso significa que algo no va bien. No solo interpreta lo que pasa en tu cuerpo, sino que lo convierte en un mensaje que tu cerebro puede entender rápidamente.

7. **Hemisferio derecho. El creativo de la familia.** Si el hemisferio izquierdo del cerebro es el lógico y analítico, el derecho es el soñador, el que conecta puntos que parecen no tener relación, gracias a su capacidad de pensamiento no lineal y a su habilidad para reconocer patrones. Es la parte que conecta ideas aparentemente dispares y permite que la intuición florezca. Cuando tienes una intuición, este hemisferio está a pleno rendimiento, haciendo conexiones y dándote esa chispa de «¡Eureka!».

Desde la neurociencia, la intuición también funciona como un radar, cuando detecta algo que coincide con un patrón previo, activa una respuesta inmediata. Cuantas más experiencias vivimos, más afinada se vuelve nuestra intuición. Por ejemplo, un piloto experimentado puede intuir cómo manejar una turbulencia porque ha enfrentado situaciones similares muchas veces antes.

Pero esto también significa que nuestra intuición puede fallar si nos enfrentamos a una situación completamente nueva y si tengo una visibilidad muy nublada de mi horizonte, donde no hay patrones previos que nos guíen.

TRES ESTRUCTURAS CEREBRALES ESENCIALES

Dentro del esquema anterior, merece la pena que nos detengamos en estas tres estructuras de nuestro cerebro para describir con más detalle sus funciones y comportamiento: la ínsula, el giro cingulado y la corteza cingulada.

La ínsula es como una isla escondida en lo profundo de nuestro cerebro; está situada en la cisura lateral, también conocida como la cisura de Silvio. Aunque no podemos verla a simple vista, desempeña roles fundamentales en nuestra vida diaria.

Imagina que tu cerebro tiene pliegues y surcos. La ínsula se esconde dentro de uno de esos pliegues profundos, cubierta por partes de los lóbulos temporal y frontal. Se divide en dos secciones principales:

- **Ínsula anterior.** Más involucrada en funciones emocionales y viscerales.
- **Ínsula posterior.** Relacionada con funciones sensoriales y somáticas.

La ínsula es una multitarea nata, involucrada en diversas funciones sensoriales, emocionales y cognitivas, como las siguientes:

1. **Procesamiento sensorial**
   - Interocepción. Nos permite sentir lo que ocurre dentro de nuestro cuerpo, como la temperatura, el dolor, el hambre o la sed.
   - Gusto. Participa en cómo percibimos los sabores.
2. **Emociones y regulación**
   - Emoción y empatía. La ínsula anterior se activa cuando experimentamos emociones complejas y sentimos empatía por otros.
   - Conciencia emocional. Nos ayuda a reconocer nuestras propias emociones y las de los demás.
3. **Función cognitiva**
   - Toma de decisiones. Juega un papel en evaluar riesgos y recompensas al decidir.
   - Autoconciencia. Contribuye a que seamos conscientes de nosotros mismos, integrando información sensorial y emocional.
4. **Regulación autonómica**
   - Funciones viscerales. Ayuda a controlar funciones automáticas como la frecuencia cardiaca y la presión arterial.

La ínsula está bien conectada con otras áreas cerebrales, como la corteza prefrontal, la amígdala y el hipocampo, lo que le permite coordinar respuestas complejas integrando información de diferentes sistemas. Además, tiene una notable capacidad de adaptarse a cambios en el cuerpo y el entorno, siendo crucial en procesos de rehabilitación tras lesiones cerebrales.

Por su parte, **el giro cingulado** y **la corteza cingulada** son los conectores emocionales del cerebro. Se trata de estructuras cerebrales esenciales para procesar información y regular actividades cognitivas y emocionales.

El giro cingulado está situado en la parte medial de los hemisferios cerebrales, justo encima del cuerpo calloso. Actúa como un puente entre el sistema límbico (nuestro centro emocional) y el neocórtex (responsable del pensamiento racional).

Sus funciones incluyen:

1. **Regulación emocional.** Ayuda a modular nuestras emociones y es vital para formar vínculos afectivos.
2. **Procesamiento de la información.** Integra datos sensoriales con la memoria y las emociones, permitiendo respuestas coherentes.
3. **Atención y control cognitivo.** Participa en mantener la atención, tomar decisiones y resolver problemas.

Y, por último, **la corteza cingulada** se halla en la parte superior del giro cingulado y se divide en dos regiones principales, cada una con funciones específicas:

1. **Corteza cingulada anterior**
   - Regulación emocional y motivacional. Evalúa emociones y motivaciones, ayudándonos a responder adecuadamente.
   - Toma de decisiones. Involucrada en controlar impulsos y decidir, especialmente en situaciones de conflicto o incertidumbre.
   - Percepción del dolor. Contribuye a experimentar y regular el dolor, así como la respuesta emocional asociada.
2. **Corteza cingulada posterior**
   - Memoria y navegación espacial. Participa en recordar experiencias personales y orientarnos en el espacio.
   - Procesamiento de información. Involucrada en integrar información sensorial y contextual, esencial para comprender nuestro entorno.

En resumen, la ínsula y el giro cingulado, junto con la corteza cingulada, son piezas clave en el complejo rompecabezas de nuestro cerebro, permitiendo que nuestras experiencias sensoriales, emocionales y cognitivas se integren de manera armoniosa.

EL CEREBRO DUAL

Una vez esquematizada la estructura cerebral que nos permite ese almacenamiento de información, entra en juego la teoría del procesamiento dual, que divide el pensamiento humano en dos sistemas:

- **Sistema 1. El velocista intuitivo.** Es rápido, automático y emocional. Es el responsable de las decisiones intuitivas y trabaja en piloto automático. Por ejemplo, cuando estás caminando y de repente frenas porque ves algo sospechoso, es el Sistema 1 el que ha reaccionado.
- **Sistema 2. El pensador analítico.** Es más lento, deliberado y lógico. Es el que usas cuando resuelves un problema matemático o analizas los pros y contras de una decisión importante.

Ambos sistemas son cruciales, pero la intuición proviene del Sistema 1. Sin embargo, el Sistema 2 puede ayudar a validar o corregir las corazonadas cuando hay tiempo para reflexionar.

LOS PROCESOS CEREBRALES DE LA INTUICIÓN

Procesamiento inconsciente

Nuestro cerebro es como un iceberg; la parte consciente es solo la punta visible, mientras que debajo del agua yace una enorme masa de procesos inconscientes. Este submarino analiza constantemente experiencias pasadas y señales del entorno, permitiéndonos reaccionar en fracciones de segundo sin necesidad de un pensamiento deliberado.

Procesos implícitos

Lo que ocurre en la intuición son procesos implícitos, es decir, operaciones automáticas y rápidas que no requieren nuestra intervención consciente. Estos procesos se nutren de la experiencia acumulada.

Las conexiones neuronales

La intuición también está relacionada con las conexiones neuronales. Cuando repetimos un patrón de comportamiento o pensamiento, las conexiones en nuestro cerebro se fortalecen, lo que facilita respuestas rápidas en situaciones similares. Es como si tuviéramos caminos neuronales bien pavimentados que nos permiten saber algo de inmediato sin pasar por un análisis profundo.

Un dato interesante es que se ha observado que durante los momentos de intuición hay una mayor actividad en el hemisferio derecho del cerebro.

Intuición y tiempo

Otra cosa curiosa es cómo el hipocampo, que se encarga de la memoria a largo plazo, y el cerebelo, relacionado con las funciones automáticas, están implicados. Muchas veces la intuición funciona tan rápido porque ya hemos vivido algo similar antes, y nuestro cerebro recupera esa información a una velocidad increíble. El cerebro va tan rápido que ni siquiera somos conscientes del proceso.

El efecto de conocimiento inconsciente

Este fenómeno, también conocido como «intuición afectiva», se refiere a cómo el cerebro utiliza información previa, almacenada de manera inconsciente, para generar una respuesta emocional instantánea. Por eso muchas veces sentimos que «algo no cuadra», aunque no podamos poner el dedo exactamente sobre la razón.

Así que, aunque la intuición puede sentirse como una «corazonada», lo cierto es que es el resultado de muchos procesos cognitivos y neurológicos trabajando en conjunto, accediendo a información que nuestro cerebro ya ha recopilado, sin que tengamos que pensarlo conscientemente.

La neurociencia ha hecho avances fascinantes en la comprensión de la intuición, desmontando un poco esa idea de que es algo mágico o místico.

Lo que se ha descubierto es que la intuición es un proceso real y tangible, profundamente enraizado en la forma en que nuestro cerebro recopila, almacena y procesa información de manera inconsciente.

ESCUCHA A TU INTUICIÓN

ALGUNOS ESTUDIOS FASCINANTES

Ya hemos hablado del experimento del Juego de Azar de Iowa, en el que algunos participantes comenzaron a intuir cuál era la mejor opción antes de poder explicarlo conscientemente. Los estudios demostraron que la corteza prefrontal ventromedial estaba activa durante estas decisiones.

Un estudio, realizado por Gary Klein en la década de 1900, surgió de la curiosidad de este investigador sobre cómo los bomberos profesionales tomaban decisiones rápidas en medio del caos. Y, en lugar de sentarlos a llenar cuestionarios, los observó en acción y les hizo preguntas. Así descubrió que no comparaban opciones durante las emergencias, sino que reconocían patrones de situaciones previas y actuaban basándose en ellos. Es decir, usaban su intuición, que era como un manual de emergencias invisible, construido a partir de años de experiencia. Básicamente, su cerebro ya había procesado situaciones similares tantas veces que les daba la respuesta correcta al instante.

Seymour Epstein y su equipo de la Universidad de Columbia llevaron a cabo un estudio para entender cómo usamos la intuición cuando el panorama es incierto. ¿El objetivo? Descubrir si realmente podemos confiar en nuestras corazonadas en tiempos de incertidumbre. Sus estudios sobre la heurística de la afectividad que comenzaron en 1994 obtuvieron resultados sorprendentes: en dominios donde las personas tenían experiencia significativa, sus decisiones intuitivas eran tan precisas como aquellas que se tomaban con mucho análisis deliberado.

LA INTUICIÓN Y EL CEREBRO

Además, la investigación mostró que áreas emocionales del cerebro, como la amígdala, desempeñaban un papel fundamental. En otras palabras, cuando sabemos algo *de corazón,* muchas veces es porque nuestro cerebro ha procesado la información emocional detrás de la situación.

En 2007, un grupo de científicos de la Universidad de Newcastle decidió usar la resonancia magnética funcional para literalmente mirar dentro del cerebro mientras las personas tomaban decisiones intuitivas. Querían saber qué zonas se iluminaban cuando nuestras corazonadas estaban en juego.

Descubrieron que dos áreas brillaban con intensidad: la corteza prefrontal ventromedial y la corteza cingulada anterior. Estas regiones, relacionadas con la evaluación de riesgos y el control emocional, parecen ser las responsables de generar esa sensación de «Esto es lo correcto». Es como si fueran los motores detrás de nuestro radar intuitivo.

Ap Dijksterhuis, un psicólogo holandés, se interesó en cómo el inconsciente nos ayuda a tomar decisiones. En 2006 lideró un estudio que mostró algo fascinante: cuando las decisiones son complicadas, a veces es mejor dejar que nuestra mente trabaje en segundo plano. Podría llamarse la magia de la incubación mental.

En lugar de obsesionarte con el problema y quedarte atascado, dejas que tu mente inconsciente lo procese durante un tiempo. Es como si el cerebro dijera: «Déjame esto a mí, tú descansa». Los resultados mostraron que este periodo de *incubación* permitía a las personas llegar a decisiones más intuitivas… y sorprendentemente acertadas.

¿Qué nos enseñan estos estudios? Demuestran que la intuición es un proceso sofisticado donde el cerebro reúne información, recuerdos y emociones para darnos respuestas rápidas y, en muchos casos, precisas. Así que, la próxima vez que tengas una corazonada, recuerda: no es solo un instinto inexplicable, es el resultado de un cerebro increíblemente eficiente haciendo su magia silenciosa.

CARACTERÍSTICAS CEREBRALES DE LA INTUICIÓN

1. La intuición es rápida, pero no irracional

La intuición no es una simple corazonada sin sentido, sino una respuesta rápida basada en patrones de experiencia previa. Nuestro cerebro está diseñado para buscar patrones constantemente, y cuando algo se ajusta a uno que ya hemos aprendido, toma una «decisión» en fracciones de segundo. Es lo que se llama «procesamiento implícito», que es cuando accedemos a conocimientos o experiencias sin pasar por la parte consciente del pensamiento.

2. El cerebro procesa más información de la que creemos

El cerebro, incluso en reposo, está manejando y procesando una cantidad inmensa de información, mucho más de la que podemos captar conscientemente. Este procesamiento tiene lugar en áreas del cerebro que funcionan a nivel subconsciente, como la corteza prefrontal y el córtex insular. Estas áreas están relacionadas con la toma de decisiones y la percepción de señales emocionales y corporales.

En situaciones donde la intuición entra en juego, el cerebro extrae rápidamente fragmentos de información que ha registrado previamente, como experiencias pasadas, sensaciones y conocimientos adquiridos, aunque no siempre podamos verbalizarlos o explicarlos lógicamente.

3. El sistema límbico y las emociones

El sistema límbico, particularmente el hipocampo y la amígdala, está profundamente implicado en los procesos intuitivos. Estas áreas del cerebro están conectadas con nuestras emociones y memoria emocional. La amígdala actúa como una especie de alarma rápida que responde a estímulos emocionales, mientras que el hipocampo almacena recuerdos. Juntos, permiten que reaccionemos intuitivamente basándonos en experiencias emocionales pasadas, sin que tengamos que pensar conscientemente en esos recuerdos.

Por ejemplo, puedes sentir que una persona no te da confianza y, sin embargo, no puedes señalar por qué. Esta sensación desde la perspectiva de la intuición más cerebral puede deberse a que, en situaciones anteriores, personas con rasgos similares te han hecho sentir incómodo o han mostrado comportamientos negativos. Y aunque no recuerdes conscientemente esas situaciones, tu cerebro lo ha almacenado y está utilizando esa información.

4. El hemisferio derecho: el cerebro creativo e intuitivo

Se ha observado que la intuición está más relacionada con el hemisferio derecho del cerebro, que es el lado encargado del pensamiento creativo, la percepción holística y el reconocimiento rápido e instantáneo de patrones. A diferencia del hemisferio izquierdo, que es más lógico y analítico, el hemisferio derecho es capaz de integrar información de manera rápida y no lineal, lo que lo convierte en el protagonista de los procesos intuitivos.

Esto significa que, cuando tenemos una corazonada, es probable que nuestro hemisferio derecho esté activando conexiones entre datos y experiencias de maneras que no son evidentes para la mente lógica y no nos damos cuenta porque lo sabemos antes de que nuestra razón lo haya hecho consciente.

5. La conexión entre el intestino y el cerebro

¿Has escuchado la frase «Escucha tu instinto»? Pues resulta que hay una base científica para eso. La neurociencia ha descubierto la existencia del sistema nervioso entérico, que a menudo se conoce como nuestro «segundo cerebro». Este sistema, ubicado en el intestino, tiene una enorme cantidad de neuronas (más de cien millones) y está en constante comunicación con el cerebro a través del nervio vago.

Las sensaciones viscerales, como ese «nudo en el estómago» que experimentamos en momentos de intuición, son una especie de diálogo entre el intestino y el cerebro. Este sistema actúa como un sensor dentro de nuestro ascensor interno emocional, respondiendo a estímulos de manera instintiva y enviando señales al cerebro antes de que seamos completamente conscientes de ellas. Por eso, muchas veces sentimos que algo está bien o mal a nivel visceral antes de poder racionalizarlo.

6. La intuición mejora con la experiencia

Uno de los descubrimientos más interesantes es que la intuición se fortalece con la práctica y la experiencia. La neuroplasticidad es la capacidad del cerebro para reorganizarse y formar nuevas conexiones. Cuantas más veces enfrentamos ciertos tipos de problemas o situaciones, más se refuerzan las vías neuronales relacionadas, mejorando nuestra capacidad intuitiva.

El cerebro se vuelve más eficiente para reconocer patrones cuanto más nos exponemos a una situación, lo que nos permite reaccionar más rápidamente y con mayor precisión de manera intuitiva. Este fenómeno ha sido ampliamente estudiado en expertos de diferentes áreas, como pilotos, jugadores de ajedrez o músicos, quienes toman decisiones rápidas e intuitivas con gran precisión debido a su extenso bagaje en sus respectivos campos.

CONCLUSIÓN

La intuición es una herramienta sofisticada, el resultado de un cerebro trabajando a toda máquina para procesar información y tomar decisiones rápidas basadas en experiencias y emociones. Aunque no siempre es perfecta, cuando se combina con análisis racional, se convierte en una herramienta invaluable para navegar por la complejidad de la vida.

El cerebro es un maestro silencioso que, con cada experiencia, nos enseña a confiar en ese susurro interno que llamamos intuición. Así que la próxima vez que sientas una corazonada, recuerda: es tu cerebro, en su máxima sofisticación, guiándote hacia lo que considera el mejor camino.

La intuición es la manera que tiene tu cerebro de decirte: «Tranquilo, ya hemos estado aquí antes. Confía en mí». Claro, no siempre es infalible, pero la evidencia científica demuestra que, cuando varias áreas del cerebro se ponen de acuerdo para tomar una decisión, suelen acertar más veces de las que fallan.

4
LA INTUICIÓN DEL CORAZÓN, EL CEREBRO QUE LATE

Como psicóloga y neurocientífica, he explorado cómo el corazón va más allá de su función fisiológica, porque estoy convencida de que desempeña un papel crucial en nuestra capacidad intuitiva. En este capítulo profundizaremos en cómo conectar con la sabiduría del corazón a través de técnicas prácticas, respaldadas por investigaciones científicas, que pueden enriquecer nuestra vida diaria.

Cuando pensamos en la inteligencia, nuestra mente va directamente al cerebro, esa máquina compleja que procesa ideas, emociones y decisiones. Pero ¿y si te dijera que tu corazón también tiene algo que decir al respecto? No, no es solo un músculo que bombea sangre; es mucho más: un órgano capaz de procesar información, tomar decisiones autónomas y hasta influir en nuestro cerebro.

Para entender esto mejor, déjame regalarte una metáfora. Imagina que tu vida es una sinfonía. El cerebro es el compositor, diseñando cada nota, cada pausa. Pero el corazón es el director de orquesta, marcando el ritmo, asegurándose de que cada instrumento toque en armonía. Sin un buen director, la sinfonía sería un caos, incluso si la composición fuera brillante. Así es como funciona la relación entre estos dos órganos: una colaboración constante donde el corazón no solo obedece, sino que también guía.

Uno de los estudios más reveladores sobre esta conexión fue realizado por McCraty, Atkinson y Bradley en 2004. En sus experimentos descubrieron que el corazón emite señales electromagnéticas que el cerebro no solo capta, sino que también utiliza para ajustar procesos cognitivos como la atención y la toma de decisiones. Es decir, cada latido no solo mueve sangre, sino también información que influye en cómo pensamos y sentimos.

Pero aquí viene lo más sorprendente: estas señales no son unidireccionales. Aunque solemos creer que el cerebro da las órdenes y el corazón simplemente obedece, la verdad es que el corazón tiene mucho que decir. De hecho, aproximadamente el 90 por ciento de las fibras nerviosas que conectan el corazón con el cerebro llevan información desde el corazón hasta el cerebro, y no al revés. Este flujo constante de datos permite al corazón influir en funciones cerebrales como la memoria, la percepción e incluso la regulación emocional.

¿Por qué es relevante esto? Porque en momentos de estrés o caos, es el corazón quien puede devolvernos al equilibrio. Técnicas como la coherencia cardiaca, investigadas extensamente por el Instituto HeartMath, han demostrado que respirar de manera sincronizada con nuestros latidos puede reducir la ansiedad, mejorar la concentración y fortalecer nuestra intuición.

Es como si el corazón fuera un mediador, calmando la mente cuando esta se encuentra desbordada.

Esto lo vemos reflejado en la investigación sobre coherencia cardiaca, un estado en el que el ritmo del corazón se sincroniza con los patrones de respiración, con los patrones de actividad eléctrica cerebral y con las emociones positivas. Cuando estamos en coherencia cardiaca, el corazón y el cerebro trabajan en perfecta sintonía, optimizando no solo nuestra salud física, sino también nuestra claridad mental y capacidad de intuición, de saber.

Así que te invito a confiar en ese segundo cerebro que, aunque menos visible, es igual de poderoso. Al fin y al cabo, nuestra vida no es solo una obra de lógica; también es una sinfonía donde el corazón, ese director incansable, asegura que todo fluya en perfecta armonía.

CIENCIA Y SABIDURÍA EMOCIONAL

«Sigue a tu corazón». Lo hemos escuchado en canciones, películas y hasta en consejos de amigos bienintencionados. Suena romántico, casi ingenuo, ¿verdad? Pero ¿y si te dijera que esa frase tiene una base científica, que no solo es una frase poética, sino una puerta a una sabiduría profunda que conecta mente, cuerpo y emociones?

Durante siglos el corazón ha sido considerado el centro de nuestras emociones. Celebrado por los poetas, examinado por los filósofos y venerado en distintas culturas, se ha entendido como el núcleo de nuestra humanidad. Pero hasta hace poco la ciencia veía el corazón como un órgano de nuestro cuerpo, esencial para la vida, pero desde una perspectiva meramente fisiológica. Todo cambió con investigaciones recientes, especialmente las del Instituto HeartMath, que revelan algo fascinante: el corazón tiene su propio sistema nervioso, apodado «el cerebro del corazón».

¿UN CEREBRO EN EL CORAZÓN?

El sistema nervioso intrínseco del corazón, con sus cuarenta mil neuronas, es capaz de procesar información, aprender e incluso tomar decisiones de manera autónoma. Es como si el corazón tuviera un pequeño cerebro que no solo recibe órdenes del sistema nervioso central, sino que también envía señales al cerebro. Estas señales influyen en cómo pensamos, sentimos y percibimos el mundo.

Más adelante veremos que el corazón no solo responde a estímulos externos, sino que también puede anticiparlos, actuando como un radar intuitivo.

Aunque todavía no comprendemos completamente cómo ocurre este fenómeno —al que yo llamo «ingrediente secreto de la intuición» y que parece hasta premonitorio—, diversos estudios han respaldado la idea de que el corazón juega un papel clave en nuestra percepción y toma de decisiones de manera acertada.

UN DIÁLOGO CONSTANTE

El vínculo entre el corazón y la intuición no se limita a la ciencia moderna. Tradiciones antiguas, como las enseñanzas budistas y el yoga, han hablado durante siglos de la conexión entre el corazón y la sabiduría interior. Pero ahora sabemos que no se trata solo de filosofía: las emociones influyen directamente en el ritmo cardiaco y, a su vez, este ritmo afecta nuestra capacidad de tomar decisiones, y viceversa.

Recuerda que es como si, dentro de nosotros, tuviéramos un ascensor que comunica lo que nos pasa en la vida con nuestra frecuencia cardiaca, y esa comunicación produce unas emociones que finalmente dan lugar a pensamientos. Y viceversa: el ascensor también baja desde nuestros pensamientos cambiando desde nuestra mente lo que sentimos, alterando o calmando la frecuencia cardiaca y transformando nuestras sensaciones y modo de estar en el mundo. Este es un símil para que nos hagamos una idea de hasta qué punto estamos conectados por dentro.

Además, esta conexión la sacamos fuera a través de nuestro campo electromagnético, nuestra relación con los demás, nuestra energía vital y nuestras neuronas en espejo para conectar y adentrarnos en los otros y dejar a los otros que se adentren en nosotros y nos vean.

Por ejemplo, en situaciones de estrés, el corazón envía señales de alerta al cerebro activando la amígdala, nuestra región emocional más primitiva. Esto puede nublar nuestra capacidad de pensar con claridad. En estos casos, cuando practicamos técnicas como la respiración consciente o la meditación, ayudamos al corazón a entrar en coherencia, reduciendo el estrés y permitiendo que nuestra intuición fluya.

¿CÓMO PUEDES ESCUCHAR A TU CORAZÓN?

La clave para aprovechar esta conexión está en aprender a escuchar a nuestro corazón. No me refiero a un ejercicio metafórico, sino literal. Técnicas como las desarrolladas por el Instituto HeartMath enseñan a regular el ritmo cardiaco mediante la respiración y la concentración en emociones positivas. Estas pueden venir de pensamientos agradables, recuerdos agradables autobiográficos o prácticas de conexión con tu corazón desde la atención al momento presente o a la respiración. Estas prácticas no solo mejoran la salud cardiovascular, sino que también aumentan nuestra capacidad de tomar decisiones intuitivas y efectivas.

LA INTUICIÓN ES BIOLOGÍA

Cuando decimos que sentimos algo en el corazón, o que nos lo dijo el corazón, no estamos usando un cliché. Estamos describiendo un proceso biológico real donde el corazón actúa como un centro de percepción global e intuición. Y aunque la ciencia actual apenas comienza a entender cómo funciona esta conexión, está claro que nuestro corazón también funciona como una brújula interna que nos ayuda a navegar en nuestro mundo indicándonos la dirección si aprendemos a escucharlo y le dedicamos atención.

Así que la próxima vez que te enfrentes a una decisión importante y no tengas todas las respuestas, detente, respira profundamente y escucha a tu corazón. Puede que en sus latidos encuentres la certeza que tu mente no puede darte.

UN CAMPO MAGNÉTICO QUE CONECTA

¿Te ha pasado alguna vez que, antes de cruzar palabra con alguien, sientes una conexión inexplicable? Como si hubiera una especie de energía que te atrae o te hace sentir cómodo sin una razón lógica aparente. No es magia ni casualidad. Podría ser el campo electromagnético de tu corazón resonando con el de esa persona. Sí, el corazón tiene su propio «lenguaje energético», y la ciencia lo respalda.

El corazón genera un campo electromagnético tan poderoso que puede medirse con dispositivos como magnetómetros. Este campo no solo es más fuerte que el del cerebro —alrededor de cinco mil veces más intenso en amplitud, según investigaciones del Instituto HeartMath—, sino que también parece ser profundamente sensible a nuestras emociones y al entorno. Pero ¿qué significa esto para nuestra vida cotidiana y nuestra intuición?

Para entenderlo mejor, imagina que cada latido de tu corazón es como una onda que se expande a tu alrededor, creando un campo invisible pero tangible. Este campo, según McCraty *et al.* (2004), puede extenderse hasta varios metros más allá del cuerpo físico, llevando consigo información sobre tu estado emocional. Y aquí viene lo interesante: ese campo no solo afecta a quienes te rodean, sino que también puede sincronizarse con otros campos electromagnéticos, como si los corazones hablaran entre sí.

¿Te suena a ciencia ficción? En realidad, no lo es. Estudios realizados por el Instituto HeartMath han demostrado que, cuando dos personas interactúan, sus ritmos cardiacos pueden llegar a sincronizarse, especialmente si están en un estado emocional positivo. Por ejemplo, en un experimento los investigadores observaron cómo las ondas cerebrales de una persona se alineaban con el campo electromagnético del corazón de otra, sugiriendo que nuestros corazones y cerebros están constantemente enviando y recibiendo información de manera sutil pero poderosa.

Este campo electromagnético puede captar señales sutiles del entorno y de las personas, influyendo en nuestra percepción e intuición. En palabras de McCraty y Childre (2010), «el corazón actúa como un radar emocional, detectando energías antes de que nuestra mente consciente las registre».

Este radar es especialmente útil en momentos en los que necesitamos tomar decisiones rápidas o cuando las palabras no son suficientes. Por ejemplo, ¿alguna vez has confiado en alguien que parecía lo que llamamos «correcto sobre el papel», pero sentías que algo no cuadraba? Ese es tu corazón enviándote una señal basada en información que no es necesariamente racional, sino energética, y es de incalculable valor conocerla, saber escucharla y saber usarla.

COHERENCIA CARDIACA

Otro concepto clave es la coherencia cardiaca. Este término se refiere a un estado en el que el ritmo del corazón es regular, estable y armonioso, como una melodía perfectamente afinada. Cuando estamos en coherencia cardiaca, no solo nuestro campo electromagnético se estabiliza, sino que también influimos en los demás.

Por ejemplo, en un experimento fascinante, el equipo del HeartMath demostró que una persona en coherencia cardiaca puede inducir este estado en otra, simplemente estando cerca. Esto tiene implicaciones enormes para nuestras relaciones: desde cómo conectamos con amigos y familiares hasta cómo manejamos conflictos. Cuando mantenemos la calma y la coherencia emocional, literalmente irradiamos esa energía, y las personas a nuestro alrededor pueden sentirla.

Pensemos en situaciones cotidianas. Imagina que entras a una habitación donde alguien está profundamente enfadado, aunque no diga una palabra. Puedes sentir esa tensión, como si estuviera en el aire, ¿verdad? Ahora contrasta eso con entrar en un espacio donde alguien está tranquilo y lleno de alegría. La sensación es completamente distinta. Este fenómeno, que solemos atribuir a vibraciones, en realidad tiene una base científica en los campos electromagnéticos del corazón.

Uno de mis pacientes solía contar cómo, en su trabajo, las reuniones tensas siempre mejoraban cuando un colega en particular entraba al salón. «Es como si su sola presencia calmara el ambiente», decía. ¿Qué hacía este colega? Según él, se limitaba a permanecer, respiraba profundamente y escuchaba de forma activa. Aunque no era consciente de ello, estaba en coherencia cardiaca, irradiando un campo electromagnético que promovía calma y equilibrio en los demás.

EL CORAZÓN Y LA INTUICIÓN

¿Cuántas veces has sentido una corazonada que no puedes explicar con palabras? Esa sensación que te empuja a actuar de una manera que desafía la lógica, pero que resulta ser acertada. Podrías pensar que se trata de un simple juego de emociones o incluso de casualidad, pero la ciencia sugiere algo mucho más fascinante: tu corazón podría estar anticipando eventos antes de que tu cerebro consciente siquiera los registre.

Un experimento llevado a cabo por Rollin McCraty, investigador del Instituto HeartMath, nos ofrece una pista. En este estudio, los participantes observaron imágenes que aparecían en una pantalla. Algunas eran neutras, como paisajes u objetos cotidianos, mientras que otras eran altamente emocionales, como escenas de alegría o situaciones de peligro e incluso de violencia. Lo interesante fue que el corazón de los participantes reaccionaba antes de que las imágenes emocionales fueran reveladas. Sí, has leído bien: antes de que las imágenes siquiera aparecieran en la pantalla, los ritmos cardiacos ya habían cambiado, como si el corazón supiera lo que estaba por venir.

Este fenómeno, conocido como «anticipación intuitiva», sugiere que el corazón no es un mero receptor de información, sino un radar activo que detecta señales sutiles del entorno. McCraty y su equipo teorizaron que esta habilidad podría estar relacionada con el campo electromagnético del corazón, que actúa como una especie de interfaz entre el cuerpo y el entorno.

UN RADAR MÁS ALLÁ DE LA LÓGICA

Para comprenderlo mejor, imagina que el corazón es un radar. Mientras que el cerebro consciente opera como un analista y recopilador de patrones de experiencia, evaluando datos concretos y organizados, el corazón capta señales que están fuera del alcance de la lógica.

Estas señales podrían incluir pequeños cambios en el entorno, como microexpresiones en las personas, el lenguaje no verbal o variaciones energéticas que no percibimos conscientemente. En este sentido, la intuición podría ser el resultado de esta percepción sutil que el corazón detecta y comunica al cerebro en fracciones de segundo.

La idea de que el corazón siente y sabe antes que el cerebro puede parecer controvertida, pero no es nueva. Tradiciones antiguas de diversas culturas ya hablaban del corazón como un centro de sabiduría. La ciencia moderna, aunque no puede explicarlo aún completamente, está comenzando a encontrar evidencia que respalda esta visión.

EL PAPEL DE LA INTUICIÓN

El corazón no actúa solo; está en constante diálogo con el cerebro y las emociones. Según investigaciones del Instituto Heart-Math, las emociones juegan un papel crucial en la calidad de las señales que el corazón envía. Cuando estamos en un estado emocional positivo, como gratitud, amor o alegría, el corazón entra en ese estado que ya hemos mencionado, llamado «coherencia cardiaca», en el que sus ritmos son más estables y armoniosos. En este estado, la comunicación entre el corazón y el cerebro mejora, lo que potencia nuestra intuición y claridad mental.

Por otro lado, cuando estamos estresados o ansiosos, el corazón emite señales caóticas que dificultan la toma de decisiones intuitivas. Es como si el radar estuviera descalibrado, incapaz de captar las señales importantes.

También puedes visualizarlo con la metáfora de un metrónomo interno que establece el tempo para todo tu organismo. Cuando este metrónomo late con un ritmo constante y armonioso, todos los sistemas del cuerpo se sincronizan, creando una melodía de bienestar y equilibrio. Por el contrario, cuando el ritmo es caótico, la sinfonía se descompone, dando lugar al estrés y la disonancia interna.

LA INTUICIÓN EN ACCIÓN

Déjame contarte una historia que he escuchado cientos de veces en consulta. Se refiere a personas que, sin buscarlo, han sentido en una actividad de su vida cotidiana lo que llamamos una corazonada inexplicable de que algo no estaba bien o necesitaba su atención. Aparentemente, a ojos del cerebro nada parecía fuera de lo normal y sin embargo su intuición las llevó al lugar donde debían estar o al ámbito que era necesario atender.

¿Casualidad? Tal vez, pero yo no lo creo. Hay muchas y muchas historias como esta, que son más comunes de lo que creemos, que reflejan cómo la intuición sirve tanto para llevarnos al camino correcto como para protegernos mientras los buscamos.

Y aunque no siempre podemos explicar estos impulsos, la ciencia empieza a sugerir que podrían tener una base biológica. Uno de los obstáculos con que nos encontramos para encontrar evidencias es que nuestro método científico actual consiste en observar, medir y concluir, y esto no nos permite hacer mediciones de energía referidas a fenómenos como son las corazonadas a distancia o las intuiciones de hechos de los que no tenemos experiencia previa.

Sin embargo, los datos reales avalan que muchas personas manifiestan haber sentido *ese algo*, que lo sintieron de formas similares y que las llevó al camino correcto.

EJEMPLO PRÁCTICO. MANEJO DEL ESTRÉS

Imagina que estás en una situación estresante, como una reunión decisiva, un examen o una conversación difícil. Tu corazón comienza a latir más rápido, y sientes cómo la ansiedad se apodera de ti. En estos momentos, técnicas como la respiración consciente pueden ser tus mejores aliadas.

La respiración consciente implica centrar tu atención en la inhalación y exhalación, permitiendo que tu mente se calme y tu cuerpo se relaje. Al practicarla, puedes influir directamente en tu ritmo cardiaco, promoviendo un estado de coherencia cardiaca. Este estado armonioso facilita una comunicación óptima entre el corazón y el cerebro, ayudando a reducir el estrés y mejorar la claridad mental.

En un estudio realizado por el Instituto HeartMath, se instruyó a los participantes a practicar técnicas de respiración consciente durante situaciones estresantes. Los resultados mostraron que aquellos que emplearon estas técnicas lograron reducir significativamente su ritmo cardiaco y reportaron una mayor sensación de calma y control emocional. Este experimento destaca cómo la respiración consciente puede servir como un puente efectivo entre nuestras emociones y nuestra mente lógica, permitiendo que el corazón y el cerebro trabajen en armonía.

Recuerda que la relación entre el corazón y el cerebro es una danza intrincada y constante. Al comprender y aprovechar esta conexión, podemos equilibrar nuestras emociones con nuestra razón, accediendo a una sabiduría interna que nos guía en la toma de decisiones y en la gestión de nuestras experiencias diarias.

TRAYECTORIA CIENTÍFICA

Me parece muy interesante que repasemos la trayectoria de algunos autores que nos han ido abriendo camino. A lo largo de los años, diversos científicos han explorado la profunda conexión entre el corazón y la mente aportando perspectivas que enriquecen nuestra comprensión de la intuición y la inteligencia emocional.

Hay tres figuras influyentes cuyas contribuciones han sido fundamentales en este ámbito:

1. **Joseph Chilton Pearce. El corazón como matriz mentecorazón.** Este autor y educador es reconocido por su obra *The Heart-Mind Matrix. How the Heart Can Teach the Mind New Ways to Think.* En este libro, Pearce argumenta que el corazón actúa como un centro de inteligencia que equilibra la mente racional. Propone que, al conectar con la inteligencia del corazón, podemos acceder a niveles superiores de conciencia y creatividad. Pearce sugiere que la sociedad moderna ha desconectado de esta sabiduría innata, y que reconectarnos con ella es esencial para nuestro desarrollo personal y colectivo.

2. **Rollin McCraty. La ciencia de la coherencia cardiaca.** El doctor McCraty, al que ya hemos citado, ha realizado estudios pioneros sobre la coherencia cardiaca y la comunicación entre el corazón y el cerebro, como director de investigación en el Instituto HeartMath. Sus investigaciones demuestran que el corazón envía más informa-

ción al cerebro de la que recibe, influyendo en nuestras emociones, percepciones y procesos cognitivos. McCraty ha desarrollado técnicas para aumentar la coherencia cardiaca, promoviendo estados de armonía interna que mejoran la salud, el rendimiento y el bienestar emocional.

3. **Gregg Braden. Resiliencia desde el corazón.** Este autor y conferenciante explora en su obra *Resiliencia desde el corazón* cómo la conexión con el corazón puede ser una herramienta poderosa para enfrentar desafíos y transformaciones. Braden combina descubrimientos científicos con sabiduría ancestral para mostrar que el corazón desempeña un papel crucial en la adaptación y la resiliencia humanas. Su enfoque destaca la importancia de la coherencia entre el corazón y el cerebro para acceder a estados óptimos de intuición y percepción.

Las contribuciones de Pearce, McCraty y Braden convergen en la idea de que el corazón no es solo un órgano físico, sino un centro de inteligencia y percepción que interactúa dinámicamente con la mente racional.

Estas perspectivas nos invitan a reconsiderar la relación entre el corazón y la mente, reconociendo al corazón como un puente esencial entre nuestras emociones y nuestra lógica, y como una fuente invaluable de sabiduría interna.

LA NUEVA CIENCIA DEL CORAZÓN

Vivimos en una época fascinante donde la ciencia comienza a validar lo que las tradiciones antiguas han sostenido durante siglos: el corazón es una fuente muy valiosa de sabiduría y equilibrio.

Lo sorprendente es cómo la idea de la coherencia cardiaca, que ya hemos explicado, resuena con filosofías orientales milenarias. En ellas, el corazón ha sido considerado durante mucho tiempo como el asiento del alma y la intuición. Por ejemplo, en el budismo se enseña que cultivar la compasión y el amor incondicional, cualidades asociadas al corazón, es esencial para alcanzar la iluminación. Estas enseñanzas promueven prácticas que buscan armonizar la mente y el corazón, reconociendo que la verdadera sabiduría surge de esta integración.

En el hinduismo, el corazón (o el chakra del corazón, conocido como *anahata*) se considera el centro de la compasión, el amor y la conexión espiritual. La práctica de la meditación y la búsqueda de la armonía interna buscan precisamente equilibrar esta energía cardiaca para alcanzar un estado de paz y comprensión profunda.

Y desde estas tradiciones llegamos a la ciencia actual. Investigaciones recientes en neurociencia y psicofisiología están comenzando a conectar estos puntos entre la ciencia y la tradición. Estudios han demostrado que prácticas como la meditación y la respiración consciente pueden inducir estados de coherencia cardiaca, lo que a su vez mejora la función cognitiva, reduce el estrés y promueve el bienestar emocional. Esta interrelación sugiere que, al igual que enseñan las filosofías orientales, equilibrar la mente y el corazón es clave para una vida plena y consciente.

Por tanto, es de gran importancia ir uniendo tradición y ciencia en la era de la coherencia: la convergencia de la ciencia moderna con las enseñanzas de las tradiciones antiguas nos ofrece una comprensión más profunda de la importancia del corazón en nuestra vida emocional y cognitiva. Al reconocer y practicar la coherencia cardiaca, no solo mejoramos nuestra salud física y mental, sino que también nos alineamos con una sabiduría ancestral que ha valorado siempre el corazón como el centro de nuestra existencia.

En esta era de la coherencia, tenemos la oportunidad de integrar lo mejor de ambos mundos: la precisión de la ciencia y la profundidad de la tradición, para vivir de manera más equilibrada, intuitiva y consciente.

LA INTELIGENCIA DEL CORAZÓN

La intuición y la inteligencia del corazón están profundamente conectadas, ya que ambas provienen de una sabiduría interna que no está basada exclusivamente en el análisis racional o el pensamiento lógico, sino en una forma de conocimiento más emocional, instintiva y conectada con nuestros valores y emociones más profundas.

Esta conexión es conocida como la «inteligencia del corazón» porque refleja la capacidad de sentir, percibir y comprender desde un nivel más intuitivo. Se refiere a la capacidad de acceder a un tipo de sabiduría emocional, compasiva y profunda que proviene del centro de nuestro ser, no solo de la mente racional. Se le llama «inteligencia del corazón» porque muchas veces este tipo de sabiduría no se siente en la cabeza, sino en el cuerpo, particularmente en el pecho o el área del corazón, y está relacionada con nuestras emociones más profundas, nuestros valores. No es solo una respuesta emocional, sino una comprensión interna que nos guía hacia decisiones más auténticas y alineadas con nuestro verdadero ser.

INTUICIÓN Y LA INTELIGENCIA DEL CORAZÓN

Ambas están íntimamente conectadas, la intuición escucha al corazón, apacigua las emociones intensas y guía a la razón.

1. Ambas se basan en un saber profundo

Tanto la intuición como la inteligencia del corazón acceden a una sabiduría interna que no está necesariamente disponible para el pensamiento racional. En lugar de analizar cada detalle de una situación, estas formas de conocimiento se basan en una conexión más profunda con nosotros mismos y con el entorno. Esto nos permite percibir señales y patrones que el cerebro consciente puede pasar por alto.

- Intuición. Es esa sensación rápida e inmediata de saber algo sin tener que pasar por un proceso analítico.

- Inteligencia del corazón. Es ese saber más profundo que nos conecta con lo que es realmente importante para nosotros.

2. Ambas están conectadas con el cuerpo y las emociones

La intuición y la inteligencia del corazón se sienten a menudo como una reacción física o emocional, no solo mental. Muchas veces la intuición se manifiesta en el cuerpo a través de sensaciones físicas.

- Intuición. Puede sentirse como una ligera tensión o alivio en el cuerpo cuando pensamos en una decisión. Estas señales físicas nos indican si algo está en alineación con nosotros o no.
- Inteligencia del corazón. Se siente como una conexión emocional profunda, una sensación de apertura o cierre en el área del pecho cuando consideramos una opción. Es una respuesta emocional, pero con un sentido de claridad.

3. Ambas guían hacia decisiones auténticas y alineadas con tu ser

Cuando sigues tu intuición o escuchas a la inteligencia del corazón, estás más inclinado a tomar decisiones que están en sintonía con tus valores, principios y propósito de vida, y no solo con lo que parece lógico o práctico.

- Intuición. Nos lleva a tomar decisiones que muchas veces no podemos justificar racionalmente, pero que se sienten correctas a un nivel profundo.
- Inteligencia del corazón. Nos conecta con lo que realmente importa para nosotros, nos permite ver más allá de los deseos superficiales y nos guía hacia decisiones más sabias y compasivas.

4. Ambas involucran una conexión entre mente y cuerpo

Aunque solemos pensar en la intuición y la inteligencia del corazón como procesos separados de la mente racional, en realidad conectan mente y cuerpo. La ciencia ha demostrado que hay una red neuronal en el corazón que está interconectada con el cerebro, lo que apoya la idea de que el corazón tiene una forma de inteligencia propia.

- Intuición. Es un proceso que ocurre rápidamente, pero a menudo incluye señales del cuerpo que influyen en cómo tomamos decisiones. Esto es posible porque el cuerpo, a través del sistema nervioso, recoge información del entorno y la envía al cerebro, donde se procesa inconscientemente.
- Inteligencia del corazón. El corazón envía señales al cerebro que influyen en nuestra percepción emocional y mental. Esta interconexión nos permite sentir cuando algo está alineado o no, no solo a nivel intelectual, sino también a nivel emocional y físico.

5. Ambas promueven la conexión con lo que es correcto para ti

La intuición y la inteligencia del corazón nos ayudan a conectar con lo que es más auténtico y verdadero para nosotros. En lugar de dejarnos llevar por lo que otros esperan o por lo que parece más lógico en un análisis racional, nos permiten seguir un camino que se siente alineado con nuestro propósito y bienestar interior.

- Intuición. Nos guía hacia lo que sabemos internamente, aunque no podamos explicarlo de manera lógica o racional.
- Inteligencia del corazón. Nos conecta con nuestras emociones más profundas y nuestros valores fundamentales, lo que nos ayuda a tomar decisiones más centradas en lo que es realmente importante para nosotros.

Para desarrollar la conexión entre la intuición y la inteligencia del corazón, son muy útiles algunas de las prácticas ya apuntadas en capítulos anteriores, como la atención plena y la meditación, la escucha de tu cuerpo y la confianza en las primeras impresiones. Pero, en este caso, me gustaría añadir otra recomendación, que me parece esencial por sus efectos positivos:

ACTÚA CON COMPASIÓN.

La inteligencia del corazón está profundamente conectada con la compasión. Cuando actúas con compasión por ti mismo y por los demás, estás alineándote con la sabiduría de tu corazón. Esto también refuerza tu intuición, ya que ambas trabajan mejor cuando no estás dominado por el miedo o el ego.

APLICACIONES PRÁCTICAS

Para integrar la sabiduría del corazón en nuestra vida diaria, podemos adoptar las siguientes prácticas:

1. **Práctica de la coherencia cardiaca.** Dedica unos minutos al día a ejercicios de respiración que promuevan la coherencia cardiaca. Esto puede mejorar tu bienestar emocional y claridad mental.
2. **Escucha activa de tus emociones.** Presta atención a las señales que te envía tu corazón. Las emociones pueden ser guías valiosas en la toma de decisiones.
3. **Meditación centrada en el corazón.** Practica meditaciones que enfoquen tu atención en el área del corazón, fomentando sentimientos de amor y gratitud.
4. **Toma de decisiones consciente.** Antes de tomar una decisión importante, sintoniza con tu corazón y observa cómo te sientes al respecto. Esta conexión puede ofrecerte una perspectiva más profunda y auténtica.

ESCUCHA A TU INTUICIÓN

EJERCICIO PARA POTENCIAR TU COHERENCIA CARDIACA

El desarrollo de la primera práctica recomendada en el epígrafe anterior, la respiración en coherencia, está al alcance de cualquier, incluso sin experiencia previa. No tienes más que seguir estos pasos:

1. **Encuentra un lugar tranquilo.** Siéntate cómodamente en un espacio donde no haya distracciones.
2. **Conecta con tu corazón.** Coloca una mano sobre tu pecho, justo donde sientes los latidos de tu corazón.
3. **Respira rítmicamente.** Inhala profundamente durante cinco segundos, permitiendo que el aire llene tus pulmones. Luego exhala suavemente durante otros cinco segundos. Mantén este ritmo constante.
4. **Visualiza la calma.** Mientras respiras, imagina que tu corazón irradia una luz cálida y calmante, llenando todo tu ser de tranquilidad.
5. **Siente la conexión.** Permanece en este estado durante unos minutos, permitiendo que la coherencia entre tu corazón y tu cerebro se fortalezca.

Este ejercicio está basado en las técnicas del Instituto Heart-Math. Su práctica regular tiene repercusiones prácticas en la vida diaria que te aportarán múltiples beneficios:

- **Reducción del estrés.** Al armonizar la comunicación entre el corazón y el cerebro, disminuyen las respuestas fisiológicas al estrés, promoviendo un estado de calma.
- **Mejora de la salud emocional.** La coherencia cardiaca facilita la autorregulación emocional, permitiendo manejar mejor las emociones negativas y cultivar las positivas.
- **Potenciación de la intuición.** Al fortalecer la conexión corazón-cerebro, se amplifican las percepciones intuitivas, facilitando la toma de decisiones alineadas con tus valores y propósitos.

Un estudio publicado en la revista científica *Sanum* destaca cómo la práctica de la coherencia cardiaca puede disminuir el estrés y desarrollar resiliencia, lo que a su vez mejora nuestra capacidad para enfrentar desafíos y tomar decisiones más acertadas.

Recuerda que el corazón no es solo un órgano que bombea sangre; es un emisor y receptor de energía, capaz de influir en nuestras emociones, decisiones e incluso en quienes nos rodean. Si aprendemos a escuchar a nuestro corazón y a cuidar su campo electromagnético, estaremos más en sintonía con nuestra intuición y con los demás. Así que la próxima vez que sientas esa conexión instantánea con alguien o percibas vibraciones en una situación, recuerda:

TU CORAZÓN SABE MÁS DE LO QUE CREES.

LA EXPERIENCIA DE ANA

Ana, una de mis pacientes, llegó a consulta sintiéndose desconectada de sí misma y con dificultades para tomar decisiones importantes en su vida. Dentro de la psicoterapia introdujimos en sus sesiones la práctica de la respiración en coherencia.

Después de varias semanas Ana comenzó a notar cambios significativos y me lo confirmó diciéndome: «Siento que puedo escucharme mejor, como si una voz interna me guiara con más claridad. Las decisiones que antes me paralizaban ahora fluyen con naturalidad, el miedo no me paraliza y siento ver con claridad hacia dónde ir y cuál es el camino».

Este testimonio refleja cómo además de la terapia psicológica, las prácticas en respiración y meditación, así como las prácticas de amabilidad y autocompasión, hacen que, al conectar con la sabiduría del corazón, podamos acceder a una intuición más profunda y confiable.

Te animo a incorporar estos ejercicios en tu vida diaria. Imagina que, en lugar de confiar únicamente en la lógica de nuestra mente, comenzáramos a tomar decisiones importantes integrando la sabiduría de nuestro corazón. Este enfoque no es solo una metáfora poética, sino una propuesta respaldada por la ciencia que sugiere un cambio de paradigma en nuestra manera de vivir y relacionarnos.

UN NUEVO PARADIGMA DE VIDA

Integrar la inteligencia del corazón en nuestra vida cotidiana nos invita a vivir de manera más auténtica y conectada, no solo con nosotros mismos, sino también con los demás. Este enfoque holístico, respaldado por la ciencia, nos permite tomar decisiones más alineadas con nuestros valores y emociones, promoviendo una existencia más plena y satisfactoria.

Al escuchar y honrar la sabiduría de nuestro corazón, no estamos ignorando la mente, sino creando una sinfonía armoniosa entre ambas inteligencias. Este equilibrio nos guía hacia una vida más consciente, empática y auténtica, donde cada decisión refleja la integración de nuestra razón y nuestra esencia más profunda.

En este sentido, es muy interesante una investigación realizada por el Instituto HeartMath en la que se observó que las ondas cerebrales de una madre podían sincronizarse con los latidos del corazón de su bebé a varios metros de distancia. Este hallazgo sugiere una conexión profunda y una comunicación energética entre individuos, mediada por el corazón, que trasciende la proximidad física.

En palabras del doctor Rollin McCraty, «acceder a nuestra capacidad natural de sentir o conocer cosas que no están en nuestra presencia inmediata o almacenadas en nuestro conocimiento y recuerdos ha sido durante mucho tiempo una fuente de tradiciones culturales y mística, así como de curiosidad científica e investigación pura».

FORMAS DE VISUALIZAR TU CORAZÓN

Un radar emocional

Visualiza al corazón como un radar que detecta señales emocionales en el entorno, incluso antes de que se hagan evidentes para nuestra mente consciente. Esta capacidad permite que, en situaciones cotidianas, tengamos presentimientos o corazonadas que nos guían en la dirección correcta.

Un faro en la niebla

Imagina que te encuentras navegando en un mar cubierto por una densa niebla. Tu mente es el mapa que te orienta, pero el corazón actúa como un faro, emitiendo una luz que atraviesa la bruma y te guía hacia decisiones más auténticas y conectadas con tu ser interior.

Vivir desde el corazón no implica descartar la razón, sino más bien integrar ambas inteligencias para lograr una vida más equilibrada y plena.

Un sabio consejero

Imagina al cerebro como un analista lógico y al corazón como un sabio consejero. Mientras el cerebro evalúa datos y hechos, el corazón aporta una comprensión profunda y emocional, ofreciendo una perspectiva más holística en la toma de decisiones.

Un puente de conexión humana

Imagina que el corazón actúa como un puente invisible que conecta tu mundo interno con el de los demás. A través de este puente, las emociones y sentimientos pueden transmitirse, creando una red de interacciones humanas más auténtica y profunda.

5
EL PUENTE ENTRE CORAZÓN Y RAZÓN

En el fondo, la intuición nos recuerda que, aunque somos seres racionales, también somos profundamente emocionales y algo fundamental y poco tratado, esencialmente espirituales. Y en ese delicado equilibrio entre razón y corazón es donde reside nuestra humanidad.

Existen numerosas obras que explican de forma algo más complicada el significado psicológico y auténtico de la intuición, pero, aunque no las vayas a leer, lo más interesante es saber que la ciencia la ha estudiado de manera profunda y rigurosa.

Por ejemplo, Howard Gardner, un reconocido experto en teorías de la mente, nos enseñó que existen múltiples inteligencias, y la intuitiva nos conecta con nuestras emociones y nos ayuda a tomar decisiones más rápidas y alineadas con nuestras necesidades. Gardner habla sobre la importancia de desarrollar una inteligencia intuitiva que nos permita ser más receptivos a nuestro mundo interno. Y, según un estudio de la Universidad de Nueva Gales del Sur, potenciar nuestra intuición puede incluso ayudarnos a tomar decisiones más acertadas y conectadas con nuestro ser auténtico.

La intuición, desde siempre, ha fascinado por ser una herramienta clave en nuestras decisiones cotidianas: elegir un camino, confiar en alguien, aceptar o rechazar un proyecto. Mientras algunas personas reflexionan detenidamente antes de actuar, otras confían plenamente en su instinto.

PUENTE ENTRE EL INCONSCIENTE Y EL CONSCIENTE

Seguir la intuición no siempre garantiza el éxito, pero sí nos permite algo igual de valioso: actuar de acuerdo con nuestros valores, emociones y aprendizajes previos. Esto nos lleva a tomar decisiones con mayor coherencia interna.

El sociólogo Malcolm Gladwell ha demostrado que personas de profesiones muy distintas, como médicos, psicólogos o mecánicos, logran tomar decisiones acertadas en segundos. ¿Se trata de un poder extraordinario? En absoluto.

Hace más de cuarenta años, en Estados Unidos, se fundó el Centro para el Estudio de la Intuición, dirigido por el doctor William H. Kautz, del Instituto de Investigación de Stanford. Este organismo ha demostrado científicamente varios puntos:

- La intuición forma parte de nuestro «inconsciente adaptativo». Todo lo que vivimos, sentimos y aprendemos se acumula como un valioso «capital mental» que usamos sin darnos cuenta.

- Las personas intuitivas saben utilizar ese capital para tomar decisiones rápidas y acertadas. La intuición es el arte de simplificar, de encontrar el camino en medio de la complejidad.
- Algunas personas son más intuitivas que otras porque confían más en su mundo interno que en un análisis racional y detallado.
- La intuición es inmediata y espontánea. Actúa como una respuesta rápida a un estímulo, útil en situaciones que requieren decisiones urgentes.
- Puede entrenarse gracias a la neuroplasticidad cerebral, con herramientas como la meditación y el *mindfulness*.

¿POR QUÉ CONFIAR EN TU INTUICIÓN?

La intuición nos ayuda a tomar decisiones rápidas, alineadas con nuestras experiencias y valores. Aunque a veces es subestimada frente al razonamiento lógico, pero confiar en ella implica autoestima y seguridad. Pero siempre se recomienda desde un enfoque psicológico y científico que es esencial equilibrarla con datos objetivos para lograr mejores resultados en las decisiones y acciones que optemos por realizar.

Todos podemos entrenar nuestra inteligencia intuitiva, esa chispa que, en momentos cruciales, nos guía hacia decisiones que reflejan nuestra esencia. ¿Te animas a escucharla?

ESCUCHA A TU INTUICIÓN

Busca momentos porque tu intuición te está esperando con ganas.

A mí me encantan los momentos que me permiten tener tiempo para disfrutar de cosas y personas a las que quiero, y también los espacios que creo para estar conmigo misma y reflexionar. Siento que me reseteo, siento reciclaje, siento paz, siento que me llegan certezas y siento un faro de luz que me orienta y me lleva al camino. Lo que siento se llama intuición.

El poder, el valor que tiene la conexión con uno mismo, la presencia plena, estar atento, observar y sentir sin más, desde la presencia, desde la calma, sin juicio, dejando ser lo que eres, es de alto valor para nuestras vidas, para nuestro bienestar psicológico y emocional. Y además te diré que es la puerta de bienvenida a la intuición.

Cuando somos capaces de bajar la velocidad de los pensamientos (con respiración y enlenteciendo nuestra vida) y de bajarles el volumen a esos pensamientos en nuestra mente, dejando de mirarlos insistentemente y buscando alternativas de acción o de relajación, conseguimos llegar al aquí y ahora, y podemos soltar ese pensamiento que parece haberse fijado como una calcomanía y que además da vueltas como el tambor de una lavadora; así, no solo nos impide llegar a una solución, sino que puede producirnos somatizaciones emocionales y físicas como dolor de cabeza, nerviosismo, ansiedad, malhumor, miedo...

Pues bien, cuando soy capaz de bajar velocidad y volumen, se produce un estado de silencio interior que abre la puerta a las certezas de tu corazón, ser, alma, espíritu..., como quieras llamarlo.

EL PUENTE ENTRE CORAZÓN Y RAZÓN

El cuerpo que alcanza esa coherencia cardiaca —llamado también «estado de flujo»—, conectado con la consciencia testigo —tu observador, también conocido como «supraconsciencia»—, permite que nuestro ser reciba información de muchos lugares. Unos los podemos explicar como la memoria útil para tus decisiones o los datos de experiencias sensoriales acumuladas, pero existe otra información que no podemos explicar tan fácilmente y que está más ligada con la energía que sientes, con sensaciones que no han tenido experiencia previa o con saberes que has adquirido sin saber ni cuándo, ni cómo, ni por qué, ya que no hubo experiencia ni forma ni lugar para ello.

Esto me lleva a pensar qué importante es tener consciencia de uno mismo, de nuestro ser físico, del carácter finito de todo en la vida, de que todo termina... Y lejos de entrar en crisis, lo uso para estar presente y entregada a cada momento vital, porque luego, con la inercia y el ritmo vital que llevamos, se nos suele olvidar y pasamos la vida en otro lugar mental y emocional y con cierta lejanía de nosotros mismos. Lo uso para dar gracias, para reconocerme este espacio y el amor que trae, porque este oxígeno me ayuda mucho a conectar con esa intuición sabia que me lleva a las cosas importantes para mí.

Y también a conocer la infinitud de otros millones de conceptos, por ejemplo el hecho de que siempre queramos a nuestros seres aunque hayan muerto, o el hecho de sentirlos cerca más allá del anhelo de querer tenerlos cerca. Yo te hablo de otra cosa, te hablo de la inmortalidad del ser espiritual, del alma.

Recuerda que cuando no sepas muy bien dónde estás, vete a reconectar, vuelve a ti, para, echa el freno, date un espacio de calma o de soledad elegida y observa, porque solo el hecho de observar ya produce modificaciones, información y mensajes de lo observado.

LA INTELIGENCIA CARDIACA

Este es uno de mis conceptos preferidos. Como bien sabemos ya y vimos en mi anterior libro *Neurofelicidad,* la neurociencia ya ha revelado un tipo de inteligencia más que es superfascinante y muy poco conocida hasta la fecha: la inteligencia del corazón.

La inteligencia cardiaca o inteligencia del corazón se refiere a la idea de que el corazón tiene su propio sistema de comunicación y regulación independiente del cerebro, interactuando con el sistema nervioso y otros sistemas del cuerpo.

Cuando conocen por primera vez este concepto, muchas personas se plantean preguntas desde la extrañeza: «¿El corazón, inteligente?», «¿Es posible que pensemos con el corazón?», «¿El corazón decide?», «¿El corazón nos habla?», «¿Es de fiar lo que se decide con el corazón?».

Empezaré recordando algo ya demostrado en ciencia: el corazón tiene la capacidad de tomar decisiones y actuar de manera autónoma, sin depender del cerebro. Incluso puede aprender, recordar y percibir por sí mismo. Esto es posible porque alberga un sistema nervioso propio que conecta directamente con el cerebro, creando un diálogo constante entre ambos.

Este descubrimiento, liderado por el neurocardiólogo J. Andrew Armour, dio origen al término *heart brain* o «cerebro del corazón». Armour identificó un sistema nervioso cardiaco compuesto por neuronas, neurotransmisores, proteínas y células de soporte, que permiten al corazón funcionar como un centro de procesamiento independiente: aprende, recuerda, siente y percibe.

La conexión entre el corazón y el cerebro se da, sobre todo, con nuestro cerebro emocional. Lo más sorprendente es que el corazón puede captar información intuitiva antes de que un estímulo sea percibido de forma consciente. Es decir, es capaz de anticiparse a los acontecimientos, algo que está siendo estudiado por la electrofisiología de la intuición.

Y además esa conexión entre nuestro cerebro emocional y el corazón permite que nuestras emociones más primitivas se conviertan en valores humanos profundos, y es entonces cuando podemos comunicarle a nuestro cerebro qué queremos hacer y hacia dónde queremos ir.

Hoy hablamos de una inteligencia del corazón que activa niveles más altos de percepción. Esta forma de inteligencia no se basa en experiencias pasadas ni en memorias antiguas, sino en una comprensión inmediata y precisa de la realidad presente.

LA INTELIGENCIA DEL CORAZÓN SE PRODUCE CUANDO EL CORAZÓN, EL CEREBRO Y EL RESTO DEL CUERPO ENTRAN EN UN ESTADO DE SINCRONIZACIÓN Y ARMONÍA.

ESCUCHA A TU INTUICIÓN

Quizá ese sagrado corazón que apareció en tradiciones espirituales hace más de dos mil años no era más que un adelanto simbólico de lo que hoy la neurociencia está empezando a confirmar, porque la inteligencia cardiaca ya es un campo de estudio que investiga cómo el corazón y el cerebro interactúan y se influyen mutuamente con su diálogo interno particular. Esta idea ha ido cogiendo forma y siendo explorada en diversos estudios científicos y en diferentes campos de la medicina y la neurociencia.

La investigación ha demostrado que el corazón tiene un sistema nervioso intrínseco, puede influir en la función cerebral y emocional, y tiene un campo electromagnético que puede afectar a otros campos. Estos descubrimientos tienen implicaciones significativas para nuestra comprensión de la salud mental y emocional, así como para las prácticas de regulación emocional y coherencia cardiaca.

En general, se basan en estos parámetros principales:

1. **Sistema nervioso autónomo.** El corazón está altamente inervado por el sistema nervioso autónomo, compuesto por los sistemas simpático y parasimpático, que regulan la frecuencia cardiaca y otras funciones vitales.

2. **Sistema nervioso intracardiaco.** El corazón tiene un sistema nervioso propio, a menudo referido como el «cerebro del corazón», que consiste en una red de neuronas y neurotransmisores que permiten que el corazón actúe de manera semiautónoma.

3. **Interacciones corazón-cerebro.** Hay una comunicación bidireccional entre el corazón y el cerebro. El corazón

envía señales al cerebro que pueden influir en las funciones cognitivas y emocionales.

Algunos estudios relevantes sobre inteligencia cardiaca también han aportado datos interesantes. Entre ellos, podemos destacar los siguientes:

1. **«Heart-Brain Synchronization and Cognitive Performance».** Este estudio de McCraty *et al.* (2009) en el Instituto de HeartMath exploró cómo la coherencia cardiaca (un estado de armonía entre los sistemas del corazón y el cerebro) mejora la función cognitiva y la estabilidad emocional. Y concluyó que la coherencia cardiaca puede mejorar el rendimiento cognitivo en tareas que requieren atención y toma de decisiones.
2. **«Heart's Electromagnetic Field».** Esta investigación de Rollin McCraty y otros en el Instituto HeartMath ha mostrado que el corazón genera un campo electromagnético que puede influir en el cerebro y el cuerpo de las personas cercanas. Este campo puede variar con las emociones y la coherencia cardiaca, y se ha propuesto que puede influir en las interacciones sociales y la empatía.
3. **«Cardiac Vagal Tone and Emotion Regulation».** Estas investigaciones han mostrado que el tono vagal cardiaco (una medida de la actividad del nervio vago que inerva el corazón) está relacionado con la regulación emocional y la salud mental. Un tono vagal alto se asocia con una

ESCUCHA A TU INTUICIÓN

mejor capacidad para regular las emociones y un menor riesgo de trastornos de ansiedad y depresión.

4. «**Neurocardiology. Anatomical and Functional Principles**» es un estudio de revisión realizado por J. Andrew Armour y Jeffrey L. Ardell en 1994 que proporciona una visión exhaustiva de la anatomía y función del sistema nervioso del corazón. Este campo de estudio (la neurocardiología) se centra en las interacciones entre el corazón y el sistema nervioso. Diversas investigaciones en la materia han demostrado que las neuronas del corazón liberan neurotransmisores, como la noradrenalina y la dopamina, que pueden afectar el ritmo cardiaco y la función cardiaca.

5. «**The Energetic Heart. Bioelectromagnetic Communication Within and Between People**» es un artículo firmado por Rollin McCraty en 2003 que explora el campo electromagnético del corazón y sus posibles implicaciones para la comunicación interpersonal.

Las conclusiones más relevantes de estas investigaciones nos llevan a resaltar lo importante que es conectar el cerebro con el corazón, que el cerebro aprenda a escuchar al corazón, que se sintonice con su frecuencia y su energía. Esta última, además, proviene de nuestros hábitos, de la información de los demás órganos y de las cosas que pasan en nuestra vida.

Así se ve la importancia que tiene que el corazón le hable al cerebro y este le escuche poniendo toda su maquinaria a funcionar para ayudarnos en todo lo que pueda gracias a sus funciones cognitivas superiores de lenguaje, memoria, planificación, etcétera. Y para todo esto es necesario que seamos nosotros quienes apoyemos al cerebro para que pueda seguir su buen camino y lo guiemos por donde tiene que ir. El cerebro agradece que lo ayudemos a orientarse. Él entonces hará magia con toda su gran e increíble capacidad.

¿Cómo podemos desarrollar la inteligencia del corazón? ¿Cómo dejar de vivir desde la tensión mental y el esfuerzo constante para pasar a un estado de confianza interna que nos permita fluir con la vida? ¿Cómo abrirnos a nuestra esencia más genuina a través de esta conexión?

La clave está en cultivar la atención plena y mantenernos presentes en nuestro día a día. Este enfoque nos permite acceder a la sabiduría del corazón, que a su vez abre las puertas a la intuición, las certezas profundas y las comprensiones instantáneas. Al desarrollar esta inteligencia cardiaca, nos reconectamos con estados internos de compasión, gratitud, bondad y alegría genuinas.

Quizá, en algún momento de tu vida, has sentido esa conexión: una corazonada serena que te guio o una sensación de fluir con el presente. Esa es la inteligencia del corazón en acción, recordándonos que dentro de nosotros hay una fuente inagotable de sabiduría y bienestar.

Sí, tu corazón no solo late, también siente y te guía, ¡ya te digo que te guía!

ESCUCHA A TU INTUICIÓN

EL CORAZÓN COMO CENTRO DE DECISIÓN

En 2021 un estudio publicado en *Frontiers in Psychology* planteó algo revolucionario: el corazón no solo reacciona a las emociones, sino que puede adelantarse al cerebro en la toma de decisiones. Este estudio examinó cómo el corazón influye en nuestras decisiones intuitivas. Los investigadores pidieron a un grupo de personas que evaluaran estímulos (imágenes o sonidos) como agradables o desagradables, mientras se registraba su actividad cerebral y cardiaca. Los resultados fueron claros: cuando los participantes sabían intuitivamente la respuesta correcta, su corazón mostraba un patrón de actividad más coherente, sincronizándose con otras señales fisiológicas, como la del cerebro. Esto sugiere que el corazón no es solo un receptor pasivo, sino un protagonista activo en cómo interpretamos el mundo.

Así, la intuición, ese sexto sentido que a menudo consideramos irracional, podría estar enraizada en un diálogo entre el cerebro y el corazón que ocurre más allá de nuestra consciencia.

LA INTUICIÓN PREMONITORIA

Quizá lo más fascinante de ese estudio es que los patrones de actividad cardiaca aparecían antes de que el cerebro tomara conciencia de la decisión. Es decir, el corazón parece adelantarse, como si pudiera percibir señales sutiles que la mente lógica aún no procesa.

¿Qué significa esto para nosotros? Este hallazgo nos invita a repensar cómo tomamos decisiones y cómo escuchamos a nuestro cuerpo. La intuición, lejos de ser un acto impulsivo, puede ser un proceso profundamente fisiológico y fundamentado en una conexión mente-cuerpo mucho más sofisticada de lo que imaginábamos.

En lugar de ver el corazón como un simple órgano de nuestro cuerpo, podemos entenderlo como un centro de sabiduría que trabaja en equipo con el cerebro. Cultivar esta conexión a través de la meditación, la respiración consciente o simplemente prestando más atención a nuestras emociones puede ayudarnos a tomar decisiones más alineadas con nuestras necesidades y valores.

UN PUENTE ENTRE MENTE Y CUERPO

Este estudio también refuerza algo que muchas filosofías han insinuado durante siglos: la mente y el cuerpo no están separados, sino intrínsecamente conectados. Recuerda que no podemos separar lo que está unido, no podemos vernos como seres desmembrados en partes, todas ellas forman parte de nuestro ser.

La ciencia apenas está empezando a desentrañar la complejidad de esta relación, pero algo está claro: cuando aprendemos a escuchar tanto a nuestra razón como a nuestro corazón, estoy segura de que nuestras decisiones serán más auténticas, rápidas y precisas.

ESCUCHA A TU INTUICIÓN

EL CEREBRO DEL CORAZÓN

De manera informal se habla del «cerebro del corazón» para comprender la cantidad de procesos en los que interviene nuestro corazón cambiando patrones de actividad eléctrica cerebral en función de su ritmo cardiaco y la cantidad de información que el corazón envía al cerebro a través del nervio vago.

- El corazón posee un sistema nervioso intrínseco con aproximadamente 40.000 neuronas especializadas, lo que le permite recopilar información, procesarla y tomar decisiones localmente.
- Este sistema puede operar de forma autónoma, aprendiendo y recordando patrones sin depender del cerebro craneal.
- Estas neuronas del corazón envían señales al cerebro a través del nervio vago y otros canales, influyendo directamente en áreas como la amígdala (emociones) y la corteza prefrontal (decisiones).
- Aproximadamente el 90 por ciento de las fibras del nervio vago transmiten señales desde el corazón al cerebro, no al revés.
- Estas señales afectan directamente el sistema límbico, el cual es responsable de las emociones, la memoria y el procesamiento de estímulos.
- Esto permite al corazón influir en las decisiones, basándose en la interpretación emocional de eventos incluso antes de que el cerebro consciente los analice.

- El corazón parece procesar información no lineal, lo que incluye señales no verbales, emocionales y energéticas que no pasan por los canales cognitivos tradicionales.
- Estudios como el de McCraty, Atkinson y Bradley (2004) han mostrado que el corazón reacciona anticipadamente a eventos futuros en contextos emocionales intensos, sugiriendo un nivel de percepción intuitiva.

UN TESTIMONIO PERSONAL: CREER ES CREAR

Crecí escuchando de la boca de mi padre esta frase con muchísima frecuencia, de hecho, la mayor parte de la gente que conoce a mi padre lo recuerda, entre otras bonitas cosas, por sus frases de vida.

Cuando era pequeña no tenía la menor idea de lo impactante y potente que es esta frase, y es tan cierta como que el cerebro, que es lo más obediente que he conocido en mi vida, siempre te responderá queriendo reproducir la foto de aquello que le has manifestado. Así que dile lo que quieres, o visualiza tus deseos, o escribe el estado que te gustaría alcanzar, dale contenido sobre tus anhelos —paz, amor, libertad, calma, paciencia, relaciones—, detállale a lo que aspiras en tu vida y recréate escribiéndolo o visualizándolo para él.

Pregúntale al corazón, respira, medita, conecta contigo, ábrete al silencio y escucha a tu cuerpo, a tus sensaciones y a la certeza de tu sentir desde ese estado de coherencia cardiaca, calma y paz.

Tu cerebro está diseñado para seguir caminos y rutas, para trazar planes, para resolver problemas y también para protegerte. Dale la información de donde quieres estar y allí te llevará. ¿Cómo? Ahí está su magia y su inteligencia, el cerebro sabrá detectar las señales y tus indicaciones. Créetelo: creer es crear. No hay nada más potente que escucharse, sentirse y saberse en un lugar que deseas y está por venir.

En este momento estoy viviendo una historia que hace años muchos algunos tildaron de locura. Fue un sueño hecho realidad de dos personas que lo creyeron, lo visualizaron, perseveraron porque así su corazón se lo decía. Y hoy aquí están, con su escuela, residencia, comunidad de mujeres y más proyectos que un día fueron impensables para un pueblo masái guerrero, pobre y carente de cualquier vía de desarrollo.

Por eso te digo, tal y como decía mi padre: «Creer es crear».

Recuerda que es el corazón quien traza la dirección y es el cerebro quien hace camino para llegar.

¿ES LO MISMO DESEO QUE INTUICIÓN?

En primer lugar, es importante saber y aprender a discernir qué intuición no es deseo, es más, cuándo el deseo la confunde. Porque las emociones intensas y las fuertes creencias nublan el mensaje de la intuición, que es tranquilo y certero. Por tanto, no confundamos intuición con deseo.

Diferenciar la intuición de un deseo o anhelo puede ser complicado porque ambas emociones suelen mezclarse y surgir de manera espontánea. Sin embargo, hay varias formas en que puedes distinguirlas:

1. Calma frente a urgencia

- Intuición. Suele sentirse como una certeza tranquila, una sensación interna de que algo es correcto o incorrecto, sin ansiedad ni urgencia. Es una sensación estable que no cambia rápidamente con el tiempo.
- Deseo o anhelo. Este tiende a estar acompañado de una sensación de urgencia o impaciencia. Suele estar relacionado con una necesidad de llenar un vacío o alcanzar una meta rápidamente.

2. Permanencia frente a fluctuación

- Intuición. Las impresiones intuitivas suelen ser persistentes y constantes. Si tienes una corazonada, es probable que siga presente con el tiempo y no dependa de estados emocionales momentáneos.
- Deseo o anhelo. Tiende a fluctuar y puede cambiar dependiendo de tu estado emocional. Algo que deseas hoy podría no tener el mismo peso o relevancia mañana.

3. Sensación interna frente a influencia externa

- Intuición. La intuición surge de una conexión con tus propias percepciones y experiencias, y suele ser más independiente de la opinión externa. Es más una voz interna.

- Deseo o anhelo. Suele estar influenciado por factores externos como expectativas sociales, imágenes idealizadas o comparaciones con los demás. A menudo está guiado por lo que otros valoran o esperan de ti.

4. Claridad frente a confusión

- Intuición. Tiende a ser clara, incluso si no puedes explicar por qué sientes de cierta manera, la sensación es directa y comprensible a nivel emocional.
- Deseo o anhelo. Puede llevar a una sensación de confusión, ya que a menudo está acompañado de pensamientos contradictorios o impulsos que no necesariamente están alineados con tus valores o necesidades profundas.

5. No siempre responde a tus expectativas

- Intuición. Puede sorprenderte. A veces te lleva en una dirección que no esperabas, porque no se ajusta a tus deseos o planes conscientes. Puede guiarte hacia decisiones que, racionalmente, no parecían las más atractivas.
- Deseo o anhelo. Suele estar alineado con lo que conscientemente quieres. Es decir, refleja lo que esperas o lo que crees que te hará feliz.

6. Objetivo más profundo frente a satisfacción inmediata

- Intuición. Tiende a guiarte hacia lo que es mejor para ti a largo plazo, más allá de las gratificaciones inmediatas.

Está conectada con un sentido más profundo de bienestar y de propósito.

- Deseo o anhelo. Suele enfocarse en una satisfacción inmediata o en obtener algo que crees que te hará feliz en el corto plazo, pero no necesariamente garantiza bienestar a largo plazo.

7. Desapego frente a obsesión

- Intuición. Cuando la intuición te guía, puedes sentir una confianza tranquila, incluso si la situación no sale exactamente como esperabas. No hay apego excesivo al resultado.
- Deseo o anhelo. Los deseos suelen ir acompañados de apego y expectativas, lo que puede llevar a la frustración o decepción si no se cumplen.

Recuerda que la intuición es una guía interna más estable y profunda, mientras que el deseo o anhelo suele estar más ligado a las necesidades inmediatas y puede ser más fluctuante y dependiente de factores externos. Para distinguirlos, es útil prestar atención a la calma que sientes, a la permanencia de la sensación y a si lo que experimentas está alineado con tu bienestar a largo plazo.

6

LA BRÚJULA INTERNA: HACIA NUESTRO PROPÓSITO VITAL

Dicen que la vida no viene con manual de instrucciones, pero yo estoy convencida de que todos nacemos con una brújula interna. Esa brújula es la intuición, una herramienta increíblemente poderosa que, aunque no siempre entendemos del todo, nos acompaña desde el primer latido.

Pero ¿cómo funciona exactamente esa brújula? ¿Por qué a veces la seguimos y otras veces la ignoramos? ¿Y cómo puede ayudarnos a descubrir cuál es nuestro propósito en esta vida?

Vamos a explorarlo juntos, como si estuviéramos tomando un café largo en una tarde tranquila.

Prometo no recargar de términos complicados, aunque sí voy a dejarte algunos datos fascinantes, metáforas útiles y unas cuantas reflexiones que quizá te hagan ver la intuición con otros ojos.

¿ES MAGIA O NEUROCIENCIA?

Ya en los capítulos anteriores, he intentado desmontar un mito: la intuición no es magia. Aunque muchas veces parece que adivinamos cosas o que sentimos algo sin tener pruebas claras, ya hemos visto que la intuición tiene una base sólida en el cerebro. Es como si nuestra mente tuviera una red wifi que conecta datos, experiencias y emociones a una velocidad impresionante, mucho más rápido de lo que somos conscientes.

Imagina que tu cerebro es una biblioteca inmensa, con estanterías llenas de libros que representan tus experiencias pasadas, emociones, aprendizajes y conocimientos. La intuición es como un bibliotecario muy eficiente que, en lugar de buscar un libro específico, agarra varios al mismo tiempo, resume sus contenidos y te da la respuesta más lógica o útil en cuestión de segundos. No es magia, es rapidez y conexión.

INTUICIÓN Y PROPÓSITO VITAL: SEGUIR LA BRÚJULA INTERNA

Ahora bien, ¿qué tiene que ver todo esto con el propósito de vida? Mucho. Nuestro propósito, aquello que nos llena y nos da sentido, no suele encontrarse en un listado de metas o en un plan detallado de objetivos. Nuestro propósito, más bien, se siente. Es algo visceral, como un clic interno que nos dice: «Esto es lo mío».

¿Te ha pasado alguna vez que estás haciendo algo y pierdes la noción del tiempo? Puede sucederte escribiendo, cuidando plantas, resolviendo problemas, enseñando o en cualquier otra actividad. Ese estado se llama *flow* (o flujo), y es una pista poderosa sobre tu propósito. La intuición tiene mucho que decir aquí porque, mientras estás en ese estado, tu cerebro está alineado con el corazón, en coherencia cardiaca. La corteza prefrontal se silencia un poco, las emociones fluyen sin resistencia y el sistema nervioso se sincroniza. En pocas palabras, estás en tu lugar.

Es como si tu brújula interna te estuviera diciendo: «Sigue por aquí, vas bien. Esto te acerca a tu verdadero yo».

LA MISIÓN DE VIDA

Hablemos ahora de la misión de vida, que no siempre es lo mismo que el propósito. Tu propósito puede ser algo amplio y abstracto, como ayudar a otros o crear belleza en el mundo, que además te hace sentir bien. Pero tu misión es la forma específica en que llevas ese propósito a la práctica, o incluso algo que te toca hacer en la vida y no se parece en nada a lo que imaginabas que era tu propósito.

Y aquí es donde la intuición se vuelve aún más crucial porque hay situaciones vitales que requieren saber ver, o ver más allá; en definitiva, interpretar lo que puede estar diciéndonos nuestra intuición. Pero, como todo, esto no es siempre fácil y menos cuando las circunstancias no nos gustan, aunque esta capacidad se entrena y da muy buenos resultados.

Imagina que estás en un cruce de caminos. Un camino es más amplio, parece seguro, pero no te entusiasma. Otro es más estrecho y lleno de curvas, pero algo dentro de ti te dice que lo tomes. Esa voz interna es tu intuición guiándote hacia la misión que realmente resuena contigo.

Según estudios en neurociencia, cuando tomamos decisiones basándonos en nuestra intuición, nuestro cerebro activa áreas relacionadas con la recompensa y la satisfacción, como el núcleo accumbens. En otras palabras, aunque la decisión parezca irracional al principio, a menudo resulta ser la más alineada con lo que realmente queremos.

Seguir tu intuición es como aprender a bailar con los ojos cerrados. Al principio da miedo, pero una vez que te dejas llevar, los pasos fluyen de forma natural.

¿CÓMO DISCERNIR LO QUE ES MEJOR PARA TI?

Una de las preguntas más comunes que escucho como psicóloga es: «¿Cómo sé si estoy tomando la decisión correcta?». Y la respuesta siempre vuelve a lo mismo: escucha a tu cuerpo.

LA INTUICIÓN NO SOLO SE MANIFIESTA COMO UN PENSAMIENTO, TAMBIÉN SE SIENTE FÍSICAMENTE.

Puede ser un cosquilleo en el estómago, una sensación de calma en el pecho o incluso un ligero escalofrío.

El sistema nervioso entérico (el intestino), a menudo llamado «segundo cerebro», está lleno de neuronas que se comunican directamente con nuestro cerebro principal. Tu cuerpo es como un tablero de control lleno de luces. Cuando algo no está bien, las luces rojas parpadean. Cuando todo está en orden, las luces verdes brillan. La clave está en aprender a leerlas.

¿CÓMO ENCONTRAR EL CAMINO?

Finalmente, llegamos a una de las mayores ambiciones humanas: encontrar el camino que nos lleva a las cosas buenas de la vida. Y aquí la intuición es tu mejor aliada, pero también necesita de tu colaboración. La intuición no funciona en el vacío, necesita que te conectes contigo mismo, que te permitas sentir y que confíes en tu brújula interna.

Y por supuesto es importantísimo escuchar a tu cuerpo y a tu corazón, que tu coherencia cardiaca esté alineada con tu cerebro y tus decisiones. Que tu propósito no vaya por un lado racional, lleno de objetivos que conseguir, pero que por contra esos objetivos te dañen el corazón o los sentimientos por lo que podrían implicar. Por eso es necesario unir razón y corazón y aprender a vivir alineados en coherencia.

Imagina que tu intuición es como un GPS. Te puede dar direcciones, pero si no introduces un destino o no confías en las indicaciones, no llegarás muy lejos. Y estás indicaciones provienen de unir razón y corazón.

Un ejercicio práctico muy útil consiste en que la próxima vez que tengas que tomar una decisión, te tomes un tiempo para cerrar los ojos y respirar profundamente. Mientras lo haces, pregúntate: «¿Cómo me hace sentir esta opción?». Si sientes paz o entusiasmo, probablemente es el camino correcto. Si sientes ansiedad o incomodidad, quizá debas reconsiderarlo.

UN HÁBITO DIARIO

Como todo en la vida, escuchar y confiar en tu intuición requiere práctica. Aquí van algunos consejos para fortalecer tu conexión con ella:

1. **Haz espacio para el silencio.** La intuición no grita; susurra. Dedica al menos unos minutos al día a estar en silencio, lejos del ruido externo.
2. **Escribe tus sensaciones.** Llevar un diario donde registres tus decisiones y cómo te hicieron sentir puede ayudarte a identificar patrones intuitivos.
3. **Confía en tus errores.** No todas las decisiones intuitivas serán perfectas, pero incluso de las equivocaciones aprenderás algo valioso.
4. **Cuida tu cuerpo.** La intuición también depende de tu bienestar físico. Dormir bien, comer de forma equilibrada y hacer ejercicio regular pueden mejorar tu conexión con ella.

LA BRÚJULA SIEMPRE ESTÁ AHÍ

La intuición no es un lujo, es una necesidad, es un sentido más que podrás ignorar si quieres, pero nunca eliminar porque forma parte de nuestra naturaleza. Aunque a veces dudemos de ella, está ahí, esperando a que le prestemos atención y confiemos en sus señales.

Recuerda que no necesitas tener todas las respuestas en este momento. A veces, basta con dar el siguiente paso y confiar en que tu brújula interna te llevará a buen puerto. Después de todo, como dijo el poeta Rumi: «Lo que buscas te está buscando».

APLICACIÓN A ASPECTOS CONCRETOS DE LA VIDA

¿Cómo puede aplicarse la intuición a diferentes aspectos de la vida personal y profesional?

Toma de decisiones personales

a. Relaciones interpersonales

La intuición es especialmente útil en la gestión de nuestras relaciones. Ya sea en relaciones románticas, amistades o familiares, nuestra intuición nos da señales sobre si una persona es de confianza, si una relación es saludable o si estamos actuando de acuerdo con lo que realmente necesitamos.

Cómo nos ayuda. La intuición nos permite captar señales sutiles en las interacciones humanas, como el lenguaje corporal, el tono de voz y la energía de una persona, lo que nos puede ayudar a detectar si una relación es genuina o si algo no está bien, incluso cuando no tenemos evidencia concreta. También puede guiarnos para saber cuándo debemos establecer límites o cuándo es momento de fortalecer una conexión.

Si tienes una corazonada de que alguien en tu vida no es completamente sincero o que una relación no está funcionando, tu intuición podría estar detectando señales que tu mente consciente no ha notado aún.

b. Cambios importantes

La intuición puede ser clave en decisiones personales de gran envergadura, como mudarse a una nueva ciudad, cambiar de carrera o comprometerse en una relación. Estas decisiones implican múltiples variables, algunas de las cuales no siempre se pueden analizar con lógica pura, y la intuición puede ayudarte a sentir cuál es la dirección correcta para ti.

¿Cómo nos ayuda nuestra intuición? Nos guía hacia lo que se siente alineado con nuestros valores y deseos más profundos, a menudo saltándose el análisis extenso. Puede darnos una idea clara de lo que realmente queremos, incluso si no lo hemos verbalizado aún.

Puedes tener una intuición sobre aceptar o rechazar una oferta de trabajo que, aunque no parezca la opción más lógica en ese momento, te da una sensación clara de que es lo correcto para tu bienestar a largo plazo.

c. Chequear la salud

La intuición también es útil para detectar cuándo algo no está bien en tu cuerpo, incluso antes de que aparezcan síntomas evidentes. Muchas personas han experimentado la sensación de saber que algo no va bien en su organismo, y eso las lleva a buscar ayuda médica antes de que el problema se agrave.

Al estar más en sintonía con nuestro cuerpo, la intuición nos permite notar cambios sutiles en nuestras sensaciones físicas que podrían ser indicativos de problemas de salud. También puede ayudarnos a elegir el tipo de tratamiento o cuidado que sentimos que funcionará mejor para nosotros.

Puedes tener estas sensaciones de malestar a pesar de que los análisis clínicos y exámenes médicos no muestran nada sospechoso. Pero es posible que sigas tu intuición, que no es miedo, continúes investigando para pedir una segunda opinión, lo que finalmente lleva a un diagnóstico temprano de un problema subyacente que tu sabiduría interna ya intuía, pero necesitaba encontrar la manera racional de decírtelo y que tu razón lo entendiera para poder trazar la mejor solución.

d. Situaciones de riesgo o incertidumbre

En momentos de incertidumbre, cuando no tienes toda la información disponible para hacer una evaluación lógica, la intuición puede ser un recurso valioso para tomar decisiones rápidas y acertadas. Tu intuición puede captar señales que no percibes conscientemente y ayudarte a evitar riesgos.

La intuición nos ofrece una forma de actuar con rapidez y decisión cuando no hay tiempo o datos suficientes para un análisis profundo. Nos permite hacer juicios basados en una percepción más amplia de la situación.

Un ejemplo puede ser que, al conducir o caminar por la calle, tengas una sensación repentina de peligro y entonces actúes rápidamente para evitar un accidente, aunque no hayas visto conscientemente la causa.

Toma de decisiones profesionales

a. Rapidez bajo presión

En el mundo profesional, muchas veces no hay tiempo para un análisis detallado y la necesidad de tomar decisiones rápidas bajo presión es constante. Aquí es donde la intuición puede ser clave para resolver problemas o decidirse por una opción de manera efectiva.

La intuición en estos casos te permite tomar decisiones en tiempo real, basándote en patrones que has aprendido a lo largo de tu carrera, sin necesidad de pasar por un proceso racional largo. Esto es especialmente útil en situaciones de crisis o cuando se necesitan respuestas inmediatas.

Un líder empresarial podría sentir intuitivamente cuál es la mejor manera de gestionar una crisis en el equipo, actuando con rapidez y confianza sin analizar cada paso en detalle.

b. Detección de oportunidades

En los negocios o en cualquier ámbito profesional, la intuición puede ayudarte a detectar oportunidades que otros pueden no ver de inmediato. A veces esas oportunidades no se presentan claramente a través de análisis de datos o estudios de mercado, sino que surgen de una sensación intuitiva de que algo tiene potencial.

La intuición puede captar patrones y tendencias sutiles en el mercado o en tu entorno profesional que el análisis racional no detecta de inmediato, permitiéndote actuar con anticipación y tomar decisiones que se alineen con tu instinto.

Por ejemplo, un emprendedor puede tener una intuición sobre lanzar un nuevo producto o servicio en un mercado emergente que aún no está saturado, y esto le permite adelantarse a la competencia.

c. Contratación y trato de personal

La intuición también juega un papel crucial en la contratación de personal y en la evaluación de colaboradores. Aunque las entrevistas y los currículums proporcionan información importante, la intuición a menudo nos da una idea clara de si una persona encajará bien en el equipo o si tiene las cualidades necesarias para el puesto.

La intuición te permite leer más allá de lo que ves en el papel, captando señales sutiles en el lenguaje corporal, el tono de voz o la actitud de una persona, lo que te da una visión más completa de si es adecuada para el puesto. Puedes entrevistar a un candidato que tiene un currículum perfecto, pero tu olfato te dice que no es la mejor opción para el equipo, y si aun así lo contratas, luego resulta que la persona no tiene un buen acople por los motivos que sea.

d. Estrategias a largo plazo

En el ámbito empresarial o profesional, algunas decisiones estratégicas implican múltiples factores y no siempre se puede prever todo con lógica. En estos casos, la intuición puede ayudarte a guiarte hacia lo que es más beneficioso para el largo plazo, incluso si los análisis actuales no son concluyentes.

La intuición permite tomar decisiones estratégicas más audaces basadas en percepciones que no siempre pueden cuantificarse, pero que podrían tener un impacto positivo a largo plazo.

Por ejemplo, un CEO puede tomar una decisión intuitiva sobre expandir el negocio en una dirección poco convencional, y a largo plazo se revela como una opción acertada debido a un cambio en las tendencias del mercado.

e. Innovación y creatividad

La intuición es especialmente poderosa en la toma de decisiones creativas o innovadoras. A menudo la innovación requiere seguir corazonadas que no están basadas en datos o estudios de mercado, sino en una intuición sobre lo que podría funcionar o lo que el público podría desear en el futuro.

La intuición abre la puerta a tomar decisiones más arriesgadas y disruptivas, permitiéndote salir de la lógica convencional y explorar nuevas ideas o enfoques. Esto es fundamental en campos donde la creatividad y la innovación son clave para el éxito.

Por ejemplo, un diseñador podría seguir su intuición al crear un producto o una campaña publicitaria innovadora que rompa con los moldes tradicionales, y que terminara capturando la atención del mercado por su originalidad.

Combinar intuición con análisis lógico

Aunque la intuición es una herramienta poderosa, muchas veces es mejor combinarla con análisis racional y lógico para tomar decisiones más equilibradas. En decisiones profesionales y personales importantes, usar ambos enfoques te ayudará a reducir riesgos y tomar decisiones más informadas.

Primero escucha tu intuición sobre una situación o decisión. Luego utiliza el análisis racional para respaldar o cuestionar esa intuición con datos y hechos. Esto te permitirá tener una visión más completa y tomar decisiones más informadas.

INTUICIÓN Y PAREJA

La intuición juega un papel crucial en la elección de pareja, ya que a menudo nos ofrece información valiosa que nuestro razonamiento consciente no capta de inmediato. Sin embargo, en el contexto del amor y el enamoramiento, puede ser difícil distinguir entre lo que es una verdadera intuición y lo que son emociones intensas o deseos que podrían nublar nuestro juicio.

La intuición puede ayudarte a identificar las señales intuitivas y cómo diferenciarlas de emociones como la euforia, el deseo o el miedo, mediante los siguientes mecanismos:

ESCUCHA A TU INTUICIÓN

1. Podemos captar señales sutiles sobre la compatibilidad

La intuición nos permite captar señales sutiles sobre si alguien es compatible con nosotros, más allá de lo que se ve en la superficie. Estas señales incluyen cómo te sientes cuando estás cerca de esa persona, su lenguaje corporal, sus microexpresiones o incluso pequeños gestos que pueden revelar mucho sobre su carácter y su autenticidad.

Nuestra intuición puede percibir, en las primeras interacciones, si alguien es auténtico, si comparte nuestros valores o si tiene actitudes que podrían no ser saludables para una relación. A menudo, estas señales son pequeñas cosas que no captaríamos solo con el razonamiento lógico, pero que dejan una impresión emocional en nosotros.

Esto se siente con mucha claridad la primera vez que conoces a alguien y sientes una sensación de calma, familiaridad y seguridad. Sin razones lógicas o análisis exhaustivo, simplemente sabes que la conexión es genuina y que esa persona es apta para ti.

2. Reconocer si una relación es equilibrada

La intuición también puede ser útil para detectar desequilibrios en una relación. A veces, aunque la relación parece estar bien desde el exterior, sentimos que algo no está alineado o que no hay una reciprocidad en la forma en que ambas personas se cuidan y apoyan.

Tu intuición puede captar cuándo hay un desequilibrio emocional, como si uno de los dos está dando más de lo que recibe o si hay falta de sinceridad. Aunque no puedas señalar una razón concreta, tu intuición te avisa a través de una sensación de incomodidad o malestar.

Imagina que llevas un tiempo con una persona y, aunque todo parece ir bien, sientes que hay algo que no encaja del todo, quizá en su compromiso o en la forma en que se comporta contigo. Esa sensación puede ser una corazonada de que la relación no es tan equilibrada como parece.

3. Detectar banderas rojas antes de que se conviertan en problemas mayores

La intuición es excelente para detectar banderas rojas en una pareja desde el principio, antes de que se conviertan en problemas mayores.

A menudo, en las primeras fases de una relación, estamos cegados por la emoción del enamoramiento, pero nuestra intuición puede captar inconsistencias o comportamientos que no son saludables, señales que indican problemas más profundos, como control, falta de respeto o manipulación emocional. Esto puede aparecer como una sensación incómoda o una corazonada de que algo no está bien.

Un posible ejemplo es cuando inicias una nueva relación y todo parece perfecto, pero notas pequeños gestos de desconfianza, celos o control que no encajan contigo. Aunque no son evidentes, tu intuición te hace sentir una leve inquietud, lo que podría ser una señal de alerta.

4. Guiarte hacia lo que realmente quieres en una relación

La intuición también te puede guiar hacia lo que realmente quieres y necesitas en una relación, más allá de lo que crees que deberías buscar.

A veces nuestras ideas preconcebidas sobre lo que queremos en una pareja no están alineadas con nuestras necesidades reales, y la intuición puede ofrecerte una perspectiva más auténtica.

Si te conectas con tu intuición, puedes descubrir que lo que realmente te hace feliz o te da estabilidad en una relación puede no ser lo que inicialmente pensabas.

LA INTUICIÓN TE GUÍA HACIA LAS CUALIDADES O DINÁMICAS QUE REALMENTE RESUENAN CON TU SER INTERNO.

Imagina que creías que querías una pareja con ciertas características (por ejemplo, alguien muy ambicioso o con un estilo de vida concreto), sin embargo tu intuición te lleva hacia una persona que quizá no encaje con esa idea mental preconcebida, pero que te hace sentir profundamente comprendido y en paz, y lo sientes familiar, y te gusta… Ahí estaría hablando tu intuición, aunque tu mente se sienta en contradicción con tu idea inicial.

5. Ruptura o segunda oportunidad

Cuando surgen dudas sobre una relación, la intuición puede ser una gran aliada para tomar decisiones difíciles, como terminar una relación o darle una oportunidad a alguien con quien tienes dudas. La intuición te ofrece una claridad interna sobre lo que es mejor para tu bienestar a largo plazo.

Si en una relación no estáis bien, pero tienes miedo de terminarla, tu intuición puede darte la confianza y la tranquilidad para tomar la decisión correcta. Del mismo modo, si sientes dudas, pero hay una sensación interna de que debes continuar, puede guiarte para darle una oportunidad a esa persona.

Por ejemplo, imagínate que llevas meses dudando sobre si debes seguir en una relación, pero sientes una corazonada clara de que la relación no es lo que necesitas en tu vida en ese momento. Esta claridad te ayuda a tomar una decisión que quizá es difícil, pero que te deja con una sensación de paz interior.

¿CÓMO IDENTIFICAR LAS SEÑALES DE LA INTUICIÓN EN EL AMOR?

1. La intuición es calmada y serena

La intuición suele venir con una sensación de calma, incluso cuando la decisión que te está guiando es difícil. Si lo que sientes está lleno de emociones intensas, como miedo, ansiedad o euforia, es probable que no sea intuición, sino una reacción emocional. La intuición, por otro lado, es una certeza tranquila.

Si piensas en alguien y sientes una profunda paz interior y claridad sobre esa relación, es una buena señal de que es tu intuición. Si, en cambio, sientes una montaña rusa emocional, es probable que estés siendo guiado por el enamoramiento o el deseo.

2. La intuición es rápida y clara

Las corazonadas suelen aparecer rápidamente, antes de que el pensamiento racional o las emociones fuertes intervengan. Si tienes una respuesta inmediata y clara sobre cómo te sientes en una relación, es probable que sea tu intuición. Esa primera impresión es más probable que sea intuición que un análisis racional.

3. La intuición no necesita justificación

A diferencia del pensamiento racional, la intuición no necesita ser justificada. Si te encuentras buscando razones lógicas para respaldar lo que sientes, probablemente no sea intuición. La intuición no tiene necesidad de validación externa. Lo sabes y sabes que lo sabes, aunque no sepas ni cómo ni por qué lo sabes. La intuición es saber.

Por ejemplo, si sientes que una relación no está funcionando y te sientes tranquilo con esa conclusión, incluso si no puedes señalar una razón concreta, eso es intuición. En cambio, si estás tratando de convencerte de que la relación es correcta solo porque cumple con ciertos criterios, probablemente no estás escuchando a tu intuición.

4. La intuición se siente físicamente

Tu intuición en el amor a menudo se manifiesta a través de tu cuerpo. Puedes sentir una sensación de relajación, apertura o cierre en el área del pecho, el estómago o los hombros. Estas sensaciones físicas pueden ser una pista sobre si una relación es saludable o no.

Cuando piensas en alguien o pasas tiempo con esa persona, y puedes notar una sensación de calma y apertura en tu pecho, esto puede ser una señal de que tu intuición te dice que esa persona es buena para ti. Si, por el contrario, sientes tensión o malestar en el estómago, podría ser una señal de advertencia.

5. La intuición es persistente pero no insistente

La intuición no es ruidosa ni abrumadora, pero si algo no está bien en una relación, seguirá volviendo a tu mente de manera tranquila pero persistente. Si te encuentras repitiendo los mismos pensamientos o inquietudes sobre una persona, es posible que tu intuición te esté alertando.

Señales de que no es intuición

1. Estás siendo impulsado por la euforia o el deseo

El enamoramiento puede hacer que confundas emociones intensas con intuición. Si te sientes completamente consumido por el deseo o la euforia y te apresuras a tomar decisiones basadas en esos sentimientos, es probable que estés siendo impulsado por las emociones, no por la intuición.

2. Tienes miedo de quedarte solo

El miedo a la soledad o a perder una oportunidad de amor puede hacer que te quedes en una relación que no es buena para ti. Si sientes que te estás aferrando a alguien porque tienes miedo de estar solo o de no encontrar a nadie más, esto no es intuición, es miedo.

Y recuerda que la soledad también se combate con relaciones que no son estrictamente las de pareja. Y la intuición puede ser una guía poderosa para elegir amigos y relaciones interpersonales, ya que nos ayuda a sentir si una persona es genuina, si existe una conexión auténtica o si algo en esa relación no está alineado con lo que necesitamos emocionalmente.

SEÑALES DE LA INTUICIÓN SOBRE LA AMISTAD

Aquí te explico cómo la intuición puede ayudarte a tomar decisiones más sabias en tus amistades y relaciones, y cómo puedes identificar esas señales internas.

1. Detectar autenticidad y sinceridad

La intuición puede captar señales sutiles en el comportamiento de las personas que nos rodean, ayudándonos a discernir si alguien es auténtico o si está proyectando una imagen falsa.

A menudo, cuando interactuamos con alguien por primera vez, nuestra intuición puede detectar pequeñas inconsistencias o comportamientos que no coinciden con las palabras de la persona.

Nos permite percibir rápidamente si alguien está siendo sincero o si está intentando impresionar o manipular. Incluso si no podemos señalar exactamente qué está mal, nuestra intuición nos envía una sensación de incomodidad o desconfianza cuando algo no encaja.

Imagina que conoces a alguien nuevo y, aunque parece ser amigable y encantador, tu intuición te envía una señal de alerta, como una ligera incomodidad o una sensación de que algo no es del todo auténtico. Esto puede ser una señal de que esa persona no está mostrando su verdadero yo.

2. Sentir una conexión genuina

La intuición nos ayuda a sentir una conexión genuina con las personas. En lugar de basarnos únicamente en intereses compartidos o circunstancias externas, como el trabajo o la proximidad, la intuición nos guía hacia personas con quienes compartimos una resonancia más profunda y auténtica.

Imagina que te encuentras con alguien nuevo y, sin que haya ocurrido nada especial, sientes una conexión inmediata, como si ya lo conocieras de antes o como si esa persona te comprendiera sin necesidad de muchas palabras. Ese sentimiento es una señal intuitiva de que podría ser una relación importante en tu vida.

3. Saber quién es confiable

Confiar en las personas es esencial para las relaciones profundas y significativas. La intuición puede ser una herramienta valiosa para detectar rápidamente si alguien es digno de confianza o si es mejor mantener cierta distancia. A veces podemos sentir que alguien tiene buenas intenciones, incluso sin conocerlo muy bien.

Nuestra intuición puede captar las señales que una persona emite sobre su integridad y honestidad. Estas señales pueden ser sutiles, como la forma en que reacciona ante diferentes situaciones. Si algo no lo sientes del todo bien, es posible que tu intuición esté captando algo que no puedes identificar claramente a nivel consciente.

Por ejemplo, alguien te cuenta una historia personal y, aunque parece sincero, sientes una ligera duda o inquietud que no puedes explicar. Eso podría ser tu intuición alertándote de que algo no encaja completamente en su narrativa o en la congruencia de su comportamiento.

4. Elegir amigos que nos complementan emocionalmente

La intuición también puede guiarte hacia amigos que te complementan emocionalmente. A veces las relaciones más valiosas no son aquellas con personas que son como nosotros, sino con personas que traen algo diferente a nuestra vida y nos hacen crecer. La intuición nos puede ayudar a reconocer cuándo alguien tiene algo especial que ofrecer, incluso si no encaja completamente con nuestras expectativas y aunque no lo veamos de inmediato a nivel superficial.

5. Reconocer cuando alguien no es una buena influencia

No todas las relaciones son positivas, y la intuición puede ser una alarma silenciosa que nos advierte cuando alguien puede ser una mala influencia o no estar alineado con nuestros valores. A veces nuestras corazonadas nos dicen que, aunque alguien parezca encantador, no es la mejor persona para tener cerca. Estas corazonadas no son cómodas porque no sabemos explicar por qué dudamos, recelamos o nos sentimos incómodos con alguien, pero son certeras gracias al mensaje sensorial real.

La intuición nos permite sentir cuando una persona tiene una energía negativa o cuando puede ser tóxica para nosotros, incluso si no hemos visto ninguna señal evidente de comportamiento dañino. Nos alerta de posibles riesgos antes de que se conviertan en problemas más grandes.

Imagina que tienes un amigo que parece ser amable, pero cada vez que pasas tiempo con él, sientes una sensación de agotamiento o incomodidad que no puedes explicar. Esto podría ser tu intuición advirtiéndote de que esa persona no tiene una energía positiva para ti.

6. Saber cuándo alejarse de una relación

La intuición puede ayudarte a saber cuándo es el momento de alejarte de una relación que ya no te está beneficiando o que ha dejado de ser saludable. A veces, aunque no haya un conflicto evidente, tu intuición te dice que una amistad o relación está terminando su ciclo.

La intuición te ofrece una sensación de que la relación ha cumplido su propósito y que es mejor alejarse antes de que se convierta en una carga emocional. Es una forma de autoprotección emocional que te guía para evitar relaciones que ya no te aportan nada.

Imagina por un momento que tienes una amistad de muchos años, pero últimamente, cada vez que ves a esa persona, sientes una leve incomodidad o distanciamiento emocional. Aunque no ha pasado nada negativo que sea evidente o visible a la razón, tu intuición te dice que es hora de alejarte y priorizar otras relaciones.

7. Evaluar dinámicas de grupo

La intuición no solo es útil para evaluar a las personas individualmente, sino también para evaluar la dinámica de un grupo. Nos ayuda a captar las energías colectivas y a discernir si nos sentimos cómodos y apoyados en un grupo, o si hay una energía que no es buena para nosotros.

Nos permite sentir si un grupo tiene una dinámica sana y positiva o si hay tensiones ocultas que podrían afectarnos negativamente. La intuición puede captar rápidamente las interacciones y la energía compartida entre las personas, incluso cuando no es obvia.

No sé si ya te habrá pasado, pero imagina que estás en una reunión social y sientes de inmediato una sensación de incomodidad o tensión en el ambiente, aunque no haya indicios claros de conflicto. Esa intuición te está alertando de una posible dinámica tóxica o poco saludable dentro del grupo.

Estas pautas te ayudarán a identificar las señales de la intuición en la elección de amigos y relaciones interpersonales:

1. **Sensaciones físicas de bienestar o incomodidad.** Cuando interactúas con alguien, presta atención a cómo te sientes físicamente: ¿te sientes relajado, en calma y ligero, o sientes tensión, incomodidad o fatiga?
2. **Primera impresión rápida y clara.** Si tienes una corazonada rápida y clara al conocer a alguien, es probable que esa sensación esté conectada con tu intuición. Si la primera impresión es positiva o negativa y te deja una sensación persistente, presta atención a esa señal.
3. **Sentimiento persistente de incomodidad o paz.** Si una sensación de incomodidad o paz sigue reapareciendo cuando interactúas con alguien, es probable que sea una señal de tu intuición.

   Imagina que llevas un tiempo relacionándote con alguien y, aunque no hay conflictos, tienes una sensación persistente de inquietud que no desaparece. Eso podría ser tu intuición advirtiéndote de que esa persona no es del todo confiable o que no es una buena relación para ti.
4. **La intuición no viene con sobreanálisis.** Si sientes que debes justificar o analizar demasiado tus sentimientos por alguien, probablemente no sea tu intuición. Las corazonadas intuitivas son claras y certeras y no necesitan justificación ni sobreanálisis.

ESCUCHA A TU INTUICIÓN

LA INTUICIÓN EN LOS NEGOCIOS

En el ámbito del emprendimiento y los negocios, la intuición es una herramienta invaluable, especialmente cuando nos enfrentamos a decisiones trascendentales que pueden provocar miedo o un exceso de análisis por el riesgo que pueden suponer sus consecuencias en nuestras vidas.

Estas son algunas de las áreas donde puede resultarte muy útil:

1. Detectar oportunidades antes que otros

La intuición te puede ayudar a identificar oportunidades emergentes en el mercado antes de que sean evidentes para todos. A menudo los emprendedores exitosos son aquellos que sienten que un sector, una idea o un enfoque tiene potencial, incluso antes de que haya datos claros que respalden su decisión. Esto se debe a que la intuición capta patrones sutiles y tendencias no siempre obvias.

Al percibir señales que otros pueden pasar por alto, la intuición puede guiarte hacia nichos de mercado que aún no están saturados o hacia la innovación en un producto o servicio que otros no han considerado.

Imagina que fueses un emprendedor que puede sentir que una tecnología emergente, aunque aún no popular, será clave en los próximos años. Esta intuición te llevaría a invertir en esa tecnología antes de que el mercado la adopte masivamente, dándote una ventaja competitiva.

2. Tomar decisiones rápidas en situaciones de incertidumbre

Los negocios a menudo implican tomar decisiones rápidas y actuar sin toda la información. La intuición permite tomar decisiones en tiempo real sin la necesidad de un análisis exhaustivo, lo que es crucial en situaciones de incertidumbre o cuando es necesario reaccionar rápidamente a cambios en el mercado o en el entorno de los negocios.

Muchos empresarios parecen impulsivos en sus decisiones y no se encuentra la fórmula de su éxito por más que la analicemos. Sabemos que el éxito es producto del trabajo, pero también de decisiones basadas en lo que llamamos «suerte de la decisión», que no es otra cosa que la intuición.

En los negocios es necesario que, en lugar de quedar paralizado por el análisis excesivo, sepas que la intuición te da una respuesta rápida sobre qué dirección tomar, basándose en señales que tu cerebro ha recogido muy sabiamente de forma inconsciente.

3. Elegir socios, empleados y colaboradores

Las decisiones relacionadas con las personas son fundamentales en los negocios. Elegir a los socios correctos, contratar a los empleados adecuados o asociarse con los inversores correctos son decisiones críticas. Tu intuición puede ayudarte a percibir rápidamente si alguien tiene integridad, es confiable o si tenéis una alineación en términos de valores y visión empresarial.

La intuición puede captar señales sutiles en las interacciones humanas, como la energía de una persona, su lenguaje corporal o su forma de comunicarse, lo que te da una impresión instantánea de si será un buen socio o colaborador.

4. Innovar de manera disruptiva

La innovación muchas veces no sigue un camino lógico o predecible. Los emprendedores más innovadores suelen tomar decisiones intuitivas basadas en corazonadas sobre lo que funcionará, incluso cuando los datos o estudios de mercado no respalden esas decisiones. Seguir una corazonada puede llevarte a crear productos o servicios que revolucionen el mercado.

La intuición te permite experimentar y correr riesgos calculados basándote en una visión interna de lo que podría ser el próximo gran avance en tu industria. No siempre tendrás todas las respuestas, pero tu intuición te guiará a seguir tu instinto creativo.

Steve Jobs, por ejemplo, fue conocido por seguir su intuición al desarrollar productos como el iPhone, confiando en su corazonada de que los consumidores querrían algo que aún no habían visto o pedido explícitamente.

5. Saber cuándo pivotar o cambiar de estrategia

La intuición es valiosa cuando necesitas decidir si seguir adelante con una idea o pivotar hacia otra dirección. Muchas veces los datos iniciales pueden ser contradictorios, pero tu intuición puede captar señales de que algo no está funcionando o de que es hora de cambiar de enfoque.

En lugar de insistir en un plan que claramente no está funcionando, la intuición puede indicarte cuándo es el momento adecuado para hacer un cambio antes de que sea demasiado tarde. Esto puede ocurrir en el lanzamiento de productos, la expansión a nuevos mercados o el ajuste de estrategias de marketing.

Este podría ser el caso de un emprendedor que lanza un producto que, aunque cumple con los requisitos técnicos, no está teniendo la aceptación esperada. Su intuición le dice que debe cambiar algo en el enfoque de marketing o en el diseño del producto antes de que los datos lo confirmen.

6. Confiar en la visión a largo plazo

Los negocios suelen ser un camino lleno de incertidumbre, y a menudo los resultados no son inmediatos. La intuición puede darte la confianza interna de que el camino que has elegido es el correcto, incluso cuando los resultados no se vean a corto plazo. Esa certeza interna puede ser la diferencia entre perseverar y rendirse.

¿Cuándo es certera la intuición en los negocios?

1. La intuición es clara y no está influenciada por el miedo, pero lo escucha sabiamente

Cuando la intuición es certera, suele venir acompañada de una sensación de claridad y certeza, incluso si no puedes explicar el porqué. No se siente como una reacción emocional impulsada por el miedo o la ansiedad. Si te sientes tranquilo y seguro en tu decisión, es probable que estés actuando desde tu intuición.

2. Está alineada con tus valores y objetivos

La intuición certera está alineada con tus valores y con tu propósito. Si una decisión intuitiva está en sintonía con lo que realmente valoras en tu vida o en tu negocio, y te mueve en la dirección de tus metas a largo plazo, es una señal de que puedes confiar en ella.

3. Se manifiesta en momentos de calma mental

La intuición suele aparecer cuando estás relajado y no sobreanalizando la situación. Si sientes una corazonada durante un momento de calma o en un contexto donde no estás bajo presión, es probable que sea tu intuición hablando.

4. Te deja con una sensación de paz

Una intuición certera te deja una sensación de paz interna, incluso si la decisión es arriesgada o desafiante. Sabes internamente que es lo correcto, y aunque puede ser difícil, no te genera angustia o duda constante.

¿Cuándo no es intuición en los negocios?

1. Cuando hay miedo o ansiedad

Si lo que sientes está acompañado de miedo, ansiedad o una sensación de urgencia, es probable que no sea intuición. Las decisiones basadas en el miedo a menudo no están alineadas con nuestra sabiduría interna y pueden llevarnos a actuar de manera precipitada. La intuición, por otro lado, es calmada y no genera presión.

2. Cuando está motivada por el deseo de éxito inmediato o validación externa

Si estás tomando decisiones impulsadas por el deseo de obtener resultados rápidos o impresionar a otros, es probable que no sea tu intuición.

La intuición no se preocupa por la validación externa o por la gratificación instantánea, sino por lo que es correcto para ti a largo plazo.

3. Cuando estás analizando en exceso

La intuición no requiere un análisis extenso ni listas de pros y contras. Si te encuentras atrapado en un ciclo de análisis excesivo o tratando de justificar tu decisión, es probable que no estés actuando desde la intuición, sino desde un lugar más racional o emocional.

4. Si te sientes agotado o agobiado

Cuando no es intuición, a menudo sentirás una sensación de fatiga o confusión al tomar la decisión. La verdadera intuición te da una sensación de ligereza, claridad y energía, no te deja drenado o inseguro.

Cómo fortalecer la intuición en los negocios

1. Con la práctica de la meditación y *mindfulness*

Dedica un tiempo para desconectar de los pensamientos constantes y las presiones externas, porque eso te permitirá acceder a esa sabiduría interna con más facilidad.

2. Escuchando las señales físicas de tu cuerpo

Presta atención a cómo te sientes físicamente.

LA INTUICIÓN EN LA TERAPIA

En el ámbito de la psicología y la terapia, la intuición desempeña un papel muy importante tanto para los terapeutas como para los pacientes. Aunque la psicología se basa en teorías y enfoques basados en la evidencia científica, la intuición complementa el trabajo clínico al permitir a los terapeutas captar señales sutiles, hacer conexiones emocionales profundas y responder de manera más efectiva a las necesidades de sus pacientes en tiempo real. Al mismo tiempo, la intuición puede ayudar a los pacientes a profundizar en su propio proceso terapéutico, guiándolos hacia una mayor comprensión de sí mismos y de sus emociones.

A continuación te explico cómo interviene la intuición en la terapia y cómo se puede aprovechar:

1. Capta señales no verbales y emocionales

Una de las formas más importantes en que la intuición interviene en la terapia es a través de la captación de señales no verbales y emocionales. Los terapeutas intuitivos son especialmente hábiles para percibir las tensiones que sus pacientes no expresan verbalmente, pero que se manifiestan en su lenguaje corporal, tono de voz o energía emocional. Esto les permite abordar temas en los que el paciente aún no está listo para expresar, o no es consciente de ellos, pero que están presentes en la dinámica terapéutica.

El terapeuta puede intuir cuándo un paciente está ocultando algo, cuándo está a punto de hacer una revelación importante o cuándo una cuestión subyacente está afectando el progreso de la terapia.

Un terapeuta podría notar un cambio en la postura o el tono de voz de su paciente al hablar de un tema sensible. Aunque el paciente no mencione explícitamente un problema, el terapeuta puede intuir que algo más está ocurriendo y guiar la conversación hacia ese tema oculto.

2. Guía en la elección de enfoques terapéuticos

La intuición también juega un papel clave en la elección de los enfoques terapéuticos más adecuados para cada paciente. Aunque los terapeutas están entrenados en diversas técnicas y enfoques, la intuición los ayuda a saber cuándo y cómo aplicar ciertas estrategias. Cada paciente es único, y la intuición puede guiar al terapeuta hacia la técnica más eficaz para un caso particular.

La intuición permite al terapeuta adaptar su enfoque a las necesidades emocionales y psicológicas del paciente en un momento determinado.

Este puede sentirse guiado a usar una técnica específica (como la terapia cognitivo-conductual, el enfoque humanista o el análisis transaccional) o a cambiar de enfoque en respuesta a la evolución del proceso terapéutico.

Por ejemplo, un terapeuta puede sentir que un paciente necesita más apoyo emocional en lugar de un enfoque puramente cognitivo en un momento específico de la terapia, y opta por una intervención más empática o emocional para facilitar el proceso de tratamiento.

3. Facilita una relación terapéutica de confianza

La relación terapéutica es esencial para el éxito de cualquier proceso de psicoterapia. La intuición ayuda a los terapeutas a establecer una conexión empática y de confianza con sus pacientes, creando un ambiente en el que el paciente se siente escuchado, comprendido y seguro. Esta capacidad de sintonizar intuitivamente con el paciente permite una mayor profundidad en la terapia.

La intuición permite al terapeuta comprender las necesidades emocionales del paciente a un nivel más profundo, y responder de manera adecuada y empática.

Esto ayuda a generar una relación de confianza que facilita la apertura del paciente y su disposición a trabajar en sus problemas.

Un terapeuta puede intuir que su paciente necesita más espacio para procesar sus emociones y, en lugar de presionar con preguntas directas, ofrece un silencio empático o una validación emocional en el momento adecuado, lo que ayuda al paciente a sentirse comprendido.

4. Detecta patrones subyacentes y dinámicas inconscientes

La intuición ayuda a los terapeutas a detectar patrones subyacentes en el comportamiento y las emociones de sus pacientes, incluso cuando estos patrones no son evidentes de inmediato. Esto es especialmente útil cuando los pacientes no son conscientes de las dinámicas que influyen en su comportamiento, como los patrones repetitivos de relación o los conflictos emocionales no resueltos.

La intuición permite al terapeuta identificar temas recurrentes, tensiones no expresadas y emociones inconscientes que están afectando el comportamiento del paciente. Con esta información, el terapeuta puede guiar al paciente a explorar esas dinámicas más profundamente y ayudarlo a romper ciclos repetitivos o disfuncionales.

Un terapeuta puede intuir que el patrón de ansiedad del paciente está relacionado con experiencias infantiles que aún no han sido abordadas, aunque el paciente no haya mencionado nada al respecto.

Esto puede llevar al terapeuta a investigar más a fondo esa área y a descubrir un trauma subyacente.

5. Abre espacio para la autoexploración y la introspección

La intuición no solo beneficia al terapeuta, sino que también puede facilitar la introspección del paciente. A través de la intuición, los pacientes pueden conectarse con sus emociones y pensamientos inconscientes, lo que les permite explorar aspectos de sí mismos que estaban previamente ocultos o reprimidos.

La intuición del paciente puede manifestarse como corazonadas, sensaciones emocionales o percepciones repentinas durante la terapia.

El terapeuta puede ayudar al paciente a confiar en su propia intuición, guiándolo a explorar esas sensaciones internas como una vía para la curación y el crecimiento personal.

Un paciente podría tener una intuición repentina durante una sesión, dándose cuenta de que un aspecto de su vida que creía irrelevante (como una relación o un evento pasado) en realidad está influyendo profundamente en su comportamiento actual. Este *insight* intuitivo puede abrir nuevas áreas de exploración terapéutica.

6. Toma de decisiones terapéuticas complejas

En muchas ocasiones, los terapeutas se enfrentan a decisiones complejas sobre cómo proceder en el tratamiento de un paciente, especialmente en casos delicados o cuando los síntomas no encajan claramente en un diagnóstico.

La intuición puede ser una herramienta crucial en estos

momentos, guiando al terapeuta hacia la mejor acción que seguir.

La intuición permite al terapeuta evaluar situaciones complejas de manera más holística, integrando tanto los síntomas visibles como las emociones y patrones invisibles. Esto lo ayuda a tomar decisiones que pueden no ser evidentes basándose únicamente en la teoría o en el protocolo. En un caso en el que un paciente no responde a los enfoques convencionales de tratamiento, un terapeuta puede sentir intuitivamente que una técnica menos tradicional (como la terapia artística o corporal) podría ser más efectiva, incluso si los datos no lo respaldan claramente.

7. Establece límites terapéuticos

El establecimiento de límites claros es esencial en la relación terapéutica, y la intuición puede ayudar al terapeuta a detectar cuándo es necesario establecer o ajustar esos límites. A veces un paciente puede necesitar más contención emocional, mientras que en otras ocasiones puede beneficiarse de un enfoque más firme y estructurado.

La intuición permite al terapeuta ajustar los límites terapéuticos de manera flexible en función de las necesidades del paciente en cada momento.

Esto es especialmente importante cuando los límites rígidos no son útiles, o cuando es necesario proteger el proceso terapéutico para evitar la dependencia emocional o la transferencia.

8. Distingue entre intuición y contratransferencia

Uno de los desafíos que enfrentan los terapeutas es distinguir entre intuición y contratransferencia (la respuesta emocional del terapeuta hacia el paciente basada en sus propias experiencias). La contratransferencia puede nublar el juicio terapéutico, mientras que la intuición es una guía más clara y objetiva.

Un terapeuta experimentado puede refinar su intuición a lo largo del tiempo, aprendiendo a distinguir entre las reacciones emocionales que surgen de su propia historia (contratransferencia) y las percepciones intuitivas genuinas que están basadas en la dinámica con el paciente.

Por ejemplo, un terapeuta puede notar que siente una respuesta emocional fuerte hacia un paciente (como enfado o simpatía excesiva), y debe reflexionar si se trata de una reacción intuitiva por algo no verbalizado por el paciente, o si es una respuesta que está surgiendo de su propia experiencia personal.

INTUICIÓN Y CREATIVIDAD

La intuición y la creatividad están profundamente interconectadas, especialmente en el ámbito del arte. La intuición es un pilar fundamental en los procesos creativos porque nos permite acceder a ideas, imágenes, emociones y conceptos de manera espontánea, sin la interferencia del pensamiento racional o del análisis lógico. En el arte, la intuición puede guiar al artista a tomar decisiones inesperadas y frescas, abriendo la puerta a la innovación y a la expresión auténtica.

1. Canal para la inspiración creativa

La intuición es a menudo el origen de la inspiración. Muchos artistas describen momentos en los que una idea, imagen o sensación aparece de manera espontánea, sin haberla buscado conscientemente. Es como si la inspiración fluyera de algún lugar profundo del subconsciente y tomara forma en el arte, ya sea en una pintura, una pieza musical, un poema o cualquier otra forma de expresión artística.

La intuición actúa como un canal directo hacia la imaginación y el subconsciente, donde se encuentran las fuentes de inspiración. Los artistas pueden tener una corazonada o una imagen que aparece repentinamente, y esa intuición los guía a crear algo que no habían planeado de antemano.

2. Desbloquea la libertad creativa

En los momentos en que trabajamos desde la intuición, permitimos que el proceso creativo fluya sin restricciones ni sobreanálisis. En lugar de estar atrapados en el pensamiento racional sobre lo que debería hacerse o cómo debería quedar una obra para mostrarse al público, la intuición permite al artista confiar en su instinto y crear de manera libre y sin censura interna.

> ## LA INTUICIÓN NOS LIBERA
> ## DEL PERFECCIONISMO Y DEL JUICIO.

Nos ayuda a actuar rápidamente y a seguir nuestros impulsos creativos sin detenernos a cuestionarlos. Esto nos permite explorar ideas novedosas, experimentar con diferentes técnicas y llegar a resultados inesperados, pero profundamente satisfactorios.

3. Conecta el arte con las emociones profundas

La creatividad a menudo está impulsada por las emociones. La intuición actúa como una brújula que nos guía hacia lo que queremos expresar emocionalmente a través del arte, incluso si no tenemos claro lo que sentimos en ese momento. Al permitir que la intuición guíe el proceso creativo, los artistas pueden explorar y expresar emociones más profundas que quizá no puedan articular con palabras.

La intuición actúa como un puente entre nuestras emociones y la creación artística.

Nos ayuda a identificar y expresar sentimientos internos de manera simbólica y visual, permitiendo que el arte se convierta en un medio para procesar y comunicar lo que no se puede verbalizar fácilmente.

4. Permite la toma de decisiones creativas rápidas

Durante el proceso creativo, los artistas a menudo tienen que tomar decisiones rápidas sobre colores, formas, palabras, sonidos. La intuición permite a los creadores tomar esas decisiones sin quedarse atrapados en el análisis excesivo o el miedo al error. Esta capacidad de tomar decisiones rápidas y confiadas en el momento es clave para el proceso creativo.

La intuición permite que las decisiones creativas fluyan sin interrupciones, lo que mantiene el ritmo del proceso artístico y evita bloqueos creativos. En lugar de detenerse a pensar si un elemento funcionará o no, el artista simplemente sigue su instinto, lo que permite que el arte evolucione de manera más natural.

5. El estado de flujo

El estado de flujo es un estado mental en el que el artista está completamente inmerso en el proceso creativo, hasta el punto de que pierde la noción del tiempo y actúa sin esfuerzo consciente. Este estado es guiado por la intuición, que toma el control del proceso creativo, permitiendo que las ideas, las imágenes y las emociones fluyan libremente.

La intuición es una parte clave del estado de flujo porque permite al artista crear sin la interferencia de la mente consciente. Durante el flujo, el artista no está preocupado por si sus acciones tienen sentido o si está tomando las decisiones correctas; simplemente sigue su intuición y confía en el proceso.

6. Innovación y ruptura de normas convencionales

Los grandes avances en el arte a menudo ocurren cuando los artistas rompen con las normas convencionales. La intuición es clave para este proceso porque permite que los artistas desafíen las reglas establecidas y exploren nuevas posibilidades. Al seguir su intuición, los artistas pueden descubrir enfoques radicalmente nuevos que los lleven más allá de los límites de lo que se considera normal o aceptable.

La intuición empuja al artista a explorar lo desconocido y a asumir riesgos que la mente racional podría evitar. Al hacerlo, puede abrir nuevas vías de expresión y desafiar las expectativas del público, creando obras que son originales y rompedoras.

7. Proceso de autodescubrimiento

La creación artística no solo es una forma de expresión externa, sino también un proceso de autodescubrimiento. La intuición permite a los artistas explorar aspectos ocultos de sí mismos, revelando emociones, deseos, temores y pensamientos que no habían reconocido conscientemente. A través de la intuición, el proceso creativo se convierte en una forma de exploración interna.

La intuición guía al artista hacia áreas inexploradas de su propia psique, permitiéndole descubrir nuevas facetas de su identidad emocional y espiritual. Esto hace que el proceso creativo no solo sea una actividad externa, sino una forma de crecimiento personal.

Por ejemplo, podemos escribir un poema o texto intuitivamente y, al leerlo después, darnos cuenta de que hemos expresado emociones profundas que no habíamos reconocido conscientemente. Este proceso de creación intuitiva nos permite conocernos mejor a través del arte.

¿Cómo desarrollar la intuición en el arte y la creatividad?

1. Confía en el primer impulso

En lugar de analizar demasiado las primeras ideas o imágenes que te vengan a la mente, permite que fluyan y confía en esos primeros impulsos. La intuición a menudo aparece de manera rápida y clara, y cuanto más confíes en ella, más libre será tu proceso creativo.

2. Deja de lado el perfeccionismo

El perfeccionismo es enemigo de la intuición y de la creatividad. En lugar de buscar el control total sobre tu obra, permite que la intuición te guíe, sabiendo que los errores o los resultados inesperados también forman parte del proceso artístico.

3. Escucha las sensaciones del cuerpo

Presta atención a cómo se siente tu cuerpo cuando estás creando. Si algo se siente ligero y emocionante, probablemente es una señal intuitiva de que estás en el camino correcto.

4. Crea en un estado de relajación

La intuición florece cuando estás relajado y no estás pensando demasiado en los resultados. Antes de comenzar a trabajar, trata de calmar tu mente con ejercicios de respiración o meditación. Esto te ayudará a acceder más fácilmente a tu intuición.

En definitiva, la intuición en el arte y la creatividad actúa como un guía invisible que nos permite acceder a nuestra imaginación profunda y a nuestras emociones de manera más libre y auténtica. Al confiar en la intuición, los artistas pueden tomar decisiones rápidas y espontáneas, explorar nuevas ideas sin miedo, y crear obras que no solo son innovadoras, sino que también están profundamente conectadas con su ser interior.

INTUICIÓN Y SALUD

En el ámbito de la medicina y la salud, la intuición es un recurso valioso que complementa el conocimiento científico y la práctica clínica.

Aunque la medicina se basa en la evidencia y los datos objetivos, la intuición puede desempeñar un papel importante en la toma de decisiones, el diagnóstico y el tratamiento de los pacientes.

La capacidad intuitiva de los profesionales de la salud a menudo se basa en su experiencia, en la capacidad para captar señales sutiles del cuerpo y del comportamiento de los pacientes, y en una percepción más profunda de lo que está sucediendo más allá de los síntomas visibles.

¿Cómo la intuición puede ser útil en la medicina?

La intuición en el diagnóstico médico

Uno de los aspectos más cruciales de la medicina es el diagnóstico, y la intuición puede desempeñar un papel importante en este proceso. A veces los médicos pueden captar señales sutiles en el comportamiento y la forma en que un paciente describe sus síntomas, o incluso en su lenguaje corporal, que los lleva a sospechar de una dolencia particular, incluso cuando los datos clínicos iniciales no lo sugieren claramente.

La intuición ayuda a los médicos a detectar patrones en los síntomas o en las respuestas del paciente que pueden no ser evidentes en los exámenes iniciales o en los resultados de laboratorio. Muchas veces, es una corazonada basada en la experiencia la que lleva al médico a investigar más a fondo o a hacer preguntas específicas que podrían no haberse planteado de manera lógica.

Elegir tratamientos personalizados basados en la intuición

Cada paciente es diferente, y lo que funciona para uno puede no ser adecuado para otro, incluso si padecen la misma enfermedad. Los profesionales de la salud a menudo tienen que adaptar los tratamientos a las necesidades específicas de cada paciente, y aquí es donde la intuición puede guiar al médico para encontrar la mejor solución.

La intuición permite a los médicos y otros profesionales de la salud personalizar los tratamientos en función de lo que sienten que es más adecuado para ese paciente en particular. Esto puede incluir desde ajustar la dosis de un medicamento hasta elegir un enfoque terapéutico diferente.

Captar señales no verbales y emocionales en los pacientes

Muchos pacientes no pueden o no saben cómo expresar de forma adecuada lo que están experimentando, ya sea por vergüenza, miedo o falta de conocimiento sobre su propio cuerpo. Los médicos y terapeutas intuitivos pueden captar señales no verbales o emocionales que revelan información clave sobre la condición del paciente.

La intuición permite a los médicos detectar incongruencias entre lo que el paciente dice y lo que realmente siente, y esto los ayuda a hacer preguntas más precisas o a indagar más a fondo en aspectos que el paciente podría no mencionar por sí solo.

Decisiones en emergencias

En las emergencias médicas, la capacidad de tomar decisiones rápidas es crucial, y la intuición puede ser una herramienta invaluable para los médicos y los equipos de salud en situaciones de crisis. En muchos casos no hay tiempo para analizar todos los datos disponibles, por lo que los médicos deben confiar en su experiencia y en sus corazonadas para decidir cómo proceder.

La intuición permite a los profesionales de la salud actuar rápidamente y con seguridad en situaciones de emergencia, basándose en señales sutiles o en su experiencia previa para decidir qué intervención realizar o qué enfoque tomar.

Fortalecer la relación médico-paciente

La intuición también es clave para establecer una relación de confianza entre el médico y el paciente. La empatía, la escucha activa y la capacidad de comprender lo que el paciente necesita emocionalmente son fundamentales para el proceso de curación.

La intuición permite al médico sintonizar emocionalmente con el paciente, comprender sus miedos, preocupaciones o deseos sin necesidad de que el paciente los exprese claramente. Esta comprensión emocional profunda puede ayudar al médico a proporcionar un cuidado más compasivo y personalizado.

Complementar el conocimiento científico con la intuición

Muchos médicos, aunque confían en los resultados de pruebas y estudios, también se apoyan en su experiencia clínica e intuición para tomar decisiones más equilibradas y holísticas.

La intuición no reemplaza los métodos científicos, pero ayuda a los médicos a interpretar los datos clínicos y a tomar decisiones más acertadas en contextos donde no todos los síntomas son claros o donde el diagnóstico no es obvio.

Ayudar a los pacientes a confiar en su propia intuición sobre su salud

No solo los médicos se benefician de la intuición, sino que también puede ser un recurso valioso para los pacientes. Muchas personas tienen corazonadas sobre su propio estado de salud, aunque no puedan explicarlas. Los profesionales de la salud que valoran la intuición pueden ayudar a sus pacientes a confiar más en sus sensaciones internas y a comunicar mejor lo que están experimentando.

Un médico intuitivo puede alentar al paciente a escuchar su cuerpo y sus corazonadas, validando sus preocupaciones o sensaciones, incluso si no hay datos clínicos evidentes en ese momento. Esto no solo mejora la relación médico-paciente, sino que también promueve una atención más centrada en la persona.

Cuidado preventivo y holístico

La medicina preventiva y los enfoques holísticos de la salud a menudo requieren un enfoque intuitivo. Los médicos y terapeutas que trabajan en medicina preventiva pueden usar la intuición para ayudar a los pacientes a tomar decisiones sobre sus hábitos de vida, su alimentación y otros aspectos de su bienestar que podrían no ser tan fáciles de evaluar a través de pruebas clínicas estándar.

La intuición permite a los médicos identificar desequilibrios sutiles en la salud del paciente antes de que se conviertan en problemas graves, basándose en su percepción de los signos tempranos que podrían indicar problemas futuros.

En definitiva, en el ámbito de la medicina, aunque la intuición es valiosa, es importante recordar que no debe reemplazar los métodos científicos y la evidencia basada en datos. La intuición debe ser una herramienta complementaria, especialmente en casos donde los datos no son concluyentes o los síntomas no son claros. Es fundamental que los profesionales de la salud mantengan un equilibrio entre seguir sus corazonadas y basarse en la ciencia para garantizar el mejor cuidado posible.

7
LA VIDA COTIDIANA Y LA FELICIDAD

Para entender mejor cómo opera la intuición en nuestra vida diaria, imaginemos un día típico. Comienza la mañana. Te despiertas con una sensación de cansancio, pero decides ignorarla porque tienes una lista interminable de tareas por hacer. Apenas te tomas un momento para sentir tu cuerpo o reflexionar sobre cómo te encuentras emocionalmente. Te apresuras en la ducha, tomas un café a medias y sales corriendo a trabajar.

En este escenario, tu intuición está intentando hablarte, pero no tiene espacio para hacerlo. Tal vez ese cansancio matutino es tu cuerpo diciéndote que necesitas descansar más, que algo en tu ritmo de vida no está funcionando. Sin embargo, la rutina y la inercia te empujan a seguir adelante sin cuestionarlo.

Ahora bien, contrastemos este panorama con uno en el que estás más conectado contigo mismo. Imagina que, al despertar, en lugar de saltar directamente a la acción, te das unos minutos para escuchar tu cuerpo y observar cómo te sientes. ¿Estás cansada? ¿Estás ansioso? ¿Hay algo que te preocupa? Tal vez decides tomarte un desayuno más tranquilamente, ajustar tus prioridades para el día y abordar tus tareas con mayor atención y amabilidad para ti, sin exigirte demasiado y siendo consciente de tu voz interior.

Este pequeño cambio puede parecer insignificante, pero tiene un impacto profundo. Cuando estás conectado contigo mismo, tu intuición tiene más espacio para guiarte. Es en esos momentos de calma y atención donde surgen las corazonadas, esas señales que muchas veces te ayudan a tomar decisiones más acertadas.

UN ENEMIGO: EL PILOTO AUTOMÁTICO

La intuición, ese susurro interno que tantas veces ignoramos, tiene un papel mucho más activo en nuestra vida cotidiana de lo que solemos reconocer.

LA INTUICIÓN ACTÚA COMO UN FARO SILENCIOSO, GUIÁNDONOS A TRAVÉS DE LAS DECISIONES QUE TOMAMOS CADA DÍA.

Desde las más triviales, como elegir qué ruta tomar para evitar el tráfico, hasta las más complejas, como aceptar un nuevo trabajo o terminar una relación, la intuición está ahí, influenciándonos incluso cuando no somos plenamente conscientes de ella.

LA VIDA COTIDIANA Y LA FELICIDAD

Pero ¿qué ocurre cuando no estamos conectados con ella? ¿Cómo afecta nuestra rutina si vamos por la vida en piloto automático?

El piloto automático es un estado mental en el que hacemos las cosas por inercia, sin cuestionarlas ni prestarles atención. Es como si viviéramos en una cinta transportadora que nos lleva de una tarea a otra sin detenernos a reflexionar. Este modo de funcionamiento puede ser útil en ciertas situaciones, como cuando realizamos actividades rutinarias que no requieren mucho pensamiento, pero también tiene un coste, y es que sin atención plena se desconecta nuestra mente consciente de las señales más sutiles que nuestro cuerpo y nuestra intuición nos están enviando.

Por ejemplo, piensa en cuántas veces has conducido al trabajo sin recordar realmente cómo has hecho el trayecto. O en cuántas decisiones tomas al día basándote en lo que parece «lógico» o lo que dicta el hábito, en lugar de sintonizar con lo que realmente necesitas o deseas. En este estado de desconexión, es fácil ignorar esas corazonadas que podrían ayudarte a evitar un malentendido con un colega o a identificar que algo no anda bien en tu relación personal.

Cuando vivimos en piloto automático, nuestra intuición queda relegada a un segundo plano. Es como si tuvieras un GPS interno, pero lo mantuvieras apagado mientras sigues un mapa antiguo y desactualizado.

La clave para activar tu intuición es la conexión, la vuelta a casa contigo. Estar conectado significa estar presente, atento y receptivo a lo que ocurre dentro y fuera de ti pero desde un estado de atención y tranquilidad. Este estado de conexión no solo te permite escuchar mejor tu intuición, sino también tomar decisiones más conscientes y alineadas con tus valores y necesidades.

Hay diversas formas en las que puedes cultivar esta conexión en tu día a día. Ya hemos visto la importancia de practicar el *mindfulness:* tomarte unos minutos al día para observar tu respiración, tus pensamientos y tus emociones puede ayudarte a salir del piloto automático y entrar en un estado de mayor conciencia.

También te recomiendo encarecidamente que hagas pausas intencionales. Durante el día, detente por un momento y pregúntate: «¿Cómo me siento ahora? ¿Qué necesito en este momento?». Estas pequeñas pausas pueden abrir la puerta a tu intuición.

Aquí te dejo un consejo respaldado por la ciencia: presta atención a tus emociones y experiencias. Según Gigerenzer (2014), permitir que nuestra mente descanse —por ejemplo, dando un paseo en la naturaleza o meditando— ayuda a nuestro cerebro a procesar la información implícita de manera más efectiva.

HACER UNA PAUSA Y DISTRAERSE

Si bien algunos estudios han indicado que podemos apostar por nuestra primera impresión de inmediato, a menudo parece ser una ventaja retrasar la decisión mientras nos enfocamos en alguna otra actividad.

Según Marlène Abadie, psicóloga cognitiva de la Universidad de Aix-Marseille en el sur de Francia, la pausa permite que la mente inconsciente forme una esencia precisa de la información compleja que se ha presentado, lo que a su vez aumentará la precisión de nuestro juicio intuitivo.

Esta guía puede ser útil en muchos escenarios similares en los que nos estamos formando nuestras impresiones después de una sobrecarga de información, según asegura Abadie:

«Podría ser relevante siempre que tengas que elegir entre varios productos de consumo que se describen por varios atributos: un teléfono móvil, un ordenador, un televisor, un sofá, una nevera o un horno».

Mientras compras estos artículos, puedes optar por ir a tomarte un café y hojear una revista, por ejemplo, antes de tomar tu decisión final.

NO LO PIENSES DEMASIADO

El poder de la toma de decisiones intuitiva puede ser especialmente importante al procesar un gran volumen de información compleja que es demasiado difícil de recordar con precisión.

A veces podemos beneficiarnos de dejar que nuestras mentes divaguen hacia otra actividad no relacionada, mientras el cerebro inconsciente analiza los datos y toma la decisión por nosotros.

En una serie de experimentos, los investigadores presentaron a los participantes detalles extensos sobre una serie de apartamentos.

Después de formarse sus primeras impresiones, animaron a algunos de los participantes a sopesar conscientemente las diferentes opciones antes de hacer su elección.

Al resto le pidieron que probara una serie de anagramas, una distracción diseñada para evitar que los participantes usaran su procesamiento analítico para tomar una decisión sobre los apartamentos.

Sorprendentemente, los investigadores comprobaron que los participantes que habían pensado más detenidamente en su elección eran considerablemente menos propensos a elegir el apartamento que tenía, objetivamente, la mayor cantidad de atributos atractivos. Sus intentos de analizar las diferentes opciones habían enturbiado su juicio, llevándolos a elegir una de las opciones menos deseables.

Las personas que se habían distraído con los anagramas, en cambio, se vieron obligadas a confiar en sus impresiones intuitivas, que resultaron ser más precisas.

EL EQUILIBRIO EMOCIONAL

La intuición no opera en el vacío. Está profundamente influenciada por nuestras emociones, nuestras experiencias previas e incluso nuestro estado de ánimo en un día determinado. Por eso, es importante mantener un cierto equilibrio emocional para poder escucharla con claridad.

Por ejemplo, si estás agotado o estresado, es más probable que interpretes erróneamente las señales de tu intuición o que las confundas con tus miedos o deseos momentáneos. En cambio, cuando estás emocionalmente equilibrado, tu intuición tiene una base más sólida desde la cual operar.

Un ejemplo cotidiano de esto podría ser una discusión con un amigo. Si estás emocionalmente alterado, podrías interpretar sus palabras como un ataque personal, ignorando las señales más sutiles que indican que está preocupado o necesita apoyo. Sin embargo, si estás en un estado de calma y conexión, es más probable que tu intuición te guíe hacia una respuesta más empática y constructiva.

DECISIONES COTIDIANAS MÁS ALLÁ DE LO LÓGICO

La intuición también influye en las decisiones que parecen triviales, pero que pueden tener un impacto significativo en nuestra calidad de vida. Por ejemplo, elegir dónde sentarte en una cafetería puede parecer algo sin importancia, pero a veces una corazonada te lleva a elegir un lugar específico que, más tarde, resulta ser crucial: tal vez porque encuentras a alguien que no veías hace tiempo o porque simplemente te sientes más cómodo y relajado.

En otro nivel, decisiones como aceptar una invitación a última hora o elegir un libro en una librería suelen estar guiadas por esa sensación que no siempre tiene una explicación lógica. La vida está llena de estos pequeños momentos en los que la intuición nos guía hacia experiencias enriquecedoras o nos aleja de situaciones potencialmente problemáticas.

ESCUCHA A TU INTUICIÓN

Vivir en piloto automático puede ser cómodo, pero nos desconecta de esa brújula interna que tantas veces nos guía hacia decisiones más auténticas y satisfactorias. Estar conectados, en cambio, nos permite escuchar nuestra intuición, reflexionar sobre nuestras elecciones y vivir de una manera más plena y consciente.

Así que, la próxima vez que sientas esa corazonada, detente por un momento y pregúntate: «¿Qué me está diciendo mi intuición?». Tal vez descubras que, al final, esa voz interna es uno de los recursos más valiosos que tienes para navegar la complejidad de la vida cotidiana.

Imagina que estás en una entrevista de trabajo. Todo parece perfecto: el salario es atractivo, las condiciones son ideales, pero, de repente, algo en tu interior te dice que no aceptes. No hay lógica aparente detrás de esta sensación, pero tampoco puedes ignorarla. Esto, querido lector, es la intuición, esa brújula interna que muchos subestiman, pero que la neurociencia está comenzando a desentrañar.

¿Sabías que muchas de las decisiones que tomamos están guiadas más por el instinto que por el razonamiento lógico? Un estudio publicado en *Psychological Science* (Volz *et al.,* 2006) mostró que las personas que confiaban en su intuición resolvían ciertos problemas más rápido que quienes dependían de análisis detallados. Sin embargo, aquí está el truco: la intuición es más precisa cuando se basa en áreas donde tenemos experiencia previa. Por ejemplo, un médico que ha tratado miles de pacientes puede identificar un diagnóstico intuitivamente, pero esa misma intuición no será útil si decide invertir en criptomonedas sin conocimientos previos.

Y no podemos hablar de intuición sin mencionar el impacto de las emociones. En la neurociencia actual, hay un creciente consenso sobre cómo las emociones no son el enemigo de la razón, como se pensaba en siglos pasados, sino sus aliadas. Como ya hemos visto, el sistema límbico, en particular, desempeña un papel crucial en el procesamiento intuitivo. De hecho, las emociones sirven como una especie de filtro para priorizar qué información es relevante.

Así lo mostró un experimento liderado por Joseph LeDoux en los años noventa del siglo pasado, que descubrió cómo la amígdala —esa pequeña estructura en forma de almendra en nuestro cerebro— actúa como un radar emocional, detectando amenazas y oportunidades antes de que lleguen a nuestra conciencia.

Sin embargo, la intuición no está exenta de sesgos. Por ejemplo, nuestra inclinación a buscar patrones donde no los hay, conocida como «apofenia», puede llevarnos a errores. ¿Quién no ha sentido malas vibraciones sobre alguien y luego ha descubierto que eran infundadas? Aquí es donde entra el equilibrio entre intuición y razón, un arte que no siempre dominamos pero que es fundamental para decisiones sabias.

¿CÓMO SABER SI ERES UNA PERSONA INTUITIVA?

Aunque muchas personas piensan que son bastante intuitivas, cuando se sienten inseguras de su voz interna sus sensaciones pueden llevarlas a cometer un error.

ESCUCHA A TU INTUICIÓN

Hay diversos test de intuición con preguntas a las que solo las personas más psíquicas pueden responder de forma acertada al cien por cien.

Aquí te propongo una serie de indicios típicos de las personas altamente intuitivas y te animo a que realices un ejercicio de introspección para evaluar si te identificas con alguna de estas características. Quizá te lleves una grata sorpresa.

- **Son excelentes observadoras.** Las personas con una intuición desarrollada suelen ser muy observadoras. Se fijan en detalles que la mayoría suele ignorar; de hecho esta es una de sus armas secretas y la usan para decidir si confiar o no en situaciones o personas. Suelen descubrir patrones poco evidentes en casi todo, con lo cual dan un sentido a su entorno que otras personas no pueden ver.
- **Están atentas a sus sueños.** Una característica de las personas altamente intuitivas es que valoran mucho el mundo onírico. Sus sueños son su canal preferido para comunicarse con su voz interna, y muchas veces consiguen solucionar sus problemas prestando atención a los mensajes que reciben de su subconsciente mediante los sueños.
- **Son altamente empáticas.** Las personas con una intuición desarrollada tienen una empatía característica por los demás seres, no solo por otras personas, sino también por los animales. Estas personas saben de forma instintiva cómo conectar emocionalmente con los demás a un nivel por encima del promedio. Esto les permite apoyar a otras o notar cuando alguien pasa por una situación difícil.

- **Son mentalmente flexibles.** Las personas intuitivas no son rígidas en su manera de pensar; muy al contrario, son capaces de cambiar sus ideas y ver sus errores con más facilidad. En especial, suelen cambiar de parecer cuando tienen una corazonada y no se aferran testarudamente a sus decisiones cuando se percatan de que han escogido el camino equivocado. Esto es especialmente útil, pues les permite corregir sus planes a tiempo y tener más éxito.

INTUICIÓN APLICADA AL COACHING

En el ámbito empresarial, el coaching ha integrado la intuición como un componente clave para el desarrollo de líderes y equipos.

Los coaches profesionales fomentan en sus clientes la capacidad de escuchar y confiar en sus corazonadas, para que complementen el análisis racional con percepciones más sutiles.

Este enfoque permite una toma de decisiones más equilibrada y adaptativa, especialmente en entornos dinámicos y complejos.

Un enfoque útil en coaching es animar a los clientes a aprovechar su sentido intuitivo en las situaciones y los problemas que se discuten en la sesión, para comprobar su sensación interna no impulsiva (el *feeling*) acerca de lo que está pasando.

ESCUCHA A TU INTUICIÓN

EN LAS TERAPIAS HOLÍSTICAS

Las terapias holísticas, que buscan una integración armoniosa de mente, cuerpo y espíritu, otorgan un lugar privilegiado a la intuición. Prácticas como la meditación, el *mindfulness* y el yoga promueven la conexión con nuestro ser interior, facilitando el acceso a una sabiduría interna que trasciende la lógica convencional. Al cultivar esta conexión, las personas pueden tomar decisiones más alineadas con sus verdaderos deseos y necesidades, promoviendo un bienestar integral.

Reconocer que el ser humano no es solo un ente racional, sino también un ser emocional e intuitivo, permite una aproximación más completa y auténtica a la toma de decisiones y una visión más real de lo que somos como seres en esencia.

No soy solo un instinto, no soy solo un cerebro, no soy solo una mente, no soy solo un cuerpo, ni siquiera un corazón. Soy un centro de observación consciente que se da cuenta de todo lo que soy.

DOS ANÉCDOTAS. LA INTUICIÓN EN ACCIÓN

Consideremos la historia de Ana, una ejecutiva de marketing que, tras años de tomar decisiones basadas únicamente en datos y análisis, comenzó a sentir que algo faltaba en su enfoque. Entonces se decidió a asistir a un taller de desarrollo personal y allí la animaron a conectar con su intuición.

Poco después, durante una reunión crucial, Ana propuso una estrategia innovadora que no estaba respaldada por los datos tradicionales, pero ella *sentía* que era la correcta. La campaña resultó ser un éxito rotundo, superando todas las expectativas. Esta experiencia reforzó en Ana la importancia de equilibrar la lógica con la intuición en su toma de decisiones. ¿Como consiguió esto Ana? Aprendiendo a escucharse.

Otra experiencia personal es la de Laura, una médica que, durante una guardia nocturna, atendió a un paciente con síntomas aparentemente leves. Sin embargo, una corazonada la impulsó a realizar pruebas adicionales, que revelaron una afección grave que requería intervención inmediata.

La intuición de Laura, respaldada por su experiencia y conocimiento, fue crucial para salvar una vida, demostrando cómo esta facultad puede ser determinante en situaciones críticas.

CÓMO DISTINGUIR LA INTUICIÓN

Saber si lo que sientes es realmente intuición y no otra cosa, como miedo, ansiedad o deseos, puede ser complicado, pero hay algunas señales que te pueden ayudar a distinguirlo:

1. Sensación de calma y claridad

La intuición, aunque llegue de forma rápida, suele sentirse clara y firme. No viene con un montón de ruido mental, sino que aparece como una sensación directa. A menudo te deja con una sensación de calma, incluso si la decisión o idea parece arriesgada o poco convencional.

Si lo que sientes viene acompañado de mucha ansiedad, preocupación o exceso de análisis, es más probable que sea miedo o estrés, no intuición. La intuición no presiona ni genera angustia, sino que simplemente te señala algo con una claridad natural.

2. Respuesta física sutil

La intuición suele tener una respuesta física suave. Puede que sientas una ligera presión en el pecho, una sensación en el estómago o una especie de cosquilleo. No es una reacción abrumadora ni drástica, pero está ahí, como un pequeño empujón que te invita a prestar atención.

Cuando la emoción es intensa, como el miedo, el cuerpo reacciona de manera más agitada: taquicardia, sudoración, manos temblorosas o ganas de huir. La intuición, por el contrario, es más un susurro que una alarma.

3. Viene de la nada

Las intuiciones a menudo surgen espontáneamente, sin que estés activamente buscando una respuesta. Puede llegar mientras haces algo completamente diferente, como cuando estás en la ducha, caminando o relajado.

Es como si una parte de ti ya hubiera procesado la información de manera inconsciente y, de repente, te ofrece una respuesta clara.

Si, en cambio, estás dándole muchas vueltas a un tema y te

LA VIDA COTIDIANA Y LA FELICIDAD

llega una sensación tras mucha reflexión, puede que esté más influenciada por tus pensamientos conscientes, tus deseos o miedos.

4. No busca la validación externa

Cuando una intuición es genuina, no necesitas validarla constantemente. Te sientes seguro con lo que sientes, incluso si no puedes explicarlo. No buscas convencer a los demás ni necesitas que otros te confirmen que estás en lo correcto. La intuición te da una certeza interior, aunque no siempre sea fácil de justificar con palabras.

Por otro lado, si sientes una necesidad constante de que otros confirmen lo que piensas o dudas constantemente de tu sensación, es posible que sea más una preocupación o un miedo disfrazado de intuición.

5. Es rápida y directa

La intuición no requiere mucho análisis; simplemente llega. Es como una respuesta automática. No significa que tomes una decisión sin pensar nunca, pero cuando algo es intuitivo, no necesitas hacer una lista de pros y contras, simplemente sabes que algo es correcto o no lo es.

Si estás atrapado en un bucle de análisis o necesitas pensar en todos los detalles para llegar a una conclusión, es más probable que estés utilizando el pensamiento racional y no la intuición.

6. No está cargada de emociones fuertes

La intuición suele ser neutra o viene con una ligera emoción, pero no te arrastra en un torbellino emocional. Si lo que sientes está lleno de angustia, miedo, o emoción desbordante, probablemente es otra cosa, como una reacción emocional o un deseo fuerte. La intuición no tiene drama; es más bien un saber sereno.

La práctica y la autoobservación te ayudarán a afinar tu intuición, aprendiendo a distinguirla de otras emociones y pensamientos que pueden parecerse a primera vista.

La intuición y el pensamiento racional son dos formas distintas de procesar la información y tomar decisiones. Aunque ambos son útiles, funcionan de manera muy diferente.

1. Velocidad

- Intuición. Es rápida y automática. Surge de manera casi instantánea, como una corazonada o una sensación que aparece sin esfuerzo consciente. La intuición accede a conocimientos y experiencias almacenadas en el subconsciente, lo que permite tomar decisiones de forma inmediata.
- Pensamiento racional. Es lento y deliberado. Requiere tiempo para analizar la información paso a paso, sopesar pros y contras, y llegar a una conclusión después de un proceso de reflexión.

2. Proceso mental

- Intuición. Involucra procesos implícitos y subconscientes. El cerebro utiliza patrones de experiencias pasadas y conocimientos previos, pero lo hace fuera de la conciencia. Por eso, a menudo sentimos que sabemos algo sin poder explicar exactamente cómo llegamos a esa conclusión.

- Pensamiento racional. Utiliza el pensamiento consciente y lógico. Es un proceso explícito que involucra razonamiento secuencial, análisis de datos y hechos, y la comparación de distintas opciones. Aquí se busca justificar cada paso.

3. Fundamento

- Intuición. Se basa en la experiencia previa, la percepción emocional y la interpretación inconsciente de señales sutiles. Aunque no sea siempre evidente, la intuición usa información que el cerebro ha procesado antes y almacenado.
- Pensamiento racional. Se apoya en datos, evidencia y lógica. Cada paso es cuidadosamente examinado y se busca llegar a conclusiones basadas en hechos verificables y razonamientos claros.

4. Conocimiento accesible

- Intuición. Accede a un conocimiento implícito o sabiduría interna que muchas veces no son verbalizados ni conscientes. Es como si todo el bagaje de experiencias y aprendizajes se combinara para ofrecer una respuesta sin que tengamos que pasar por todo el detalle.
- Pensamiento racional. Se basa en el conocimiento explícito, aquel que podemos articular y explicar. El proceso

ESCUCHA A TU INTUICIÓN

requiere que seamos conscientes de la información que estamos usando y que podamos justificarla lógicamente.

5. Sensación asociada

- Intuición. Suele venir acompañada de una sensación visceral o emocional. No es necesariamente fuerte o abrumadora, pero hay una corazonada o un sentir que guía la decisión. A menudo está relacionada con sensaciones físicas.
- Pensamiento racional. No tiene necesariamente una sensación física asociada, ya que es un proceso mental más frío y calculador. Aquí, las emociones suelen quedar al margen, priorizando los hechos y la lógica.

6. Contexto de uso

- Intuición. Es útil en situaciones donde necesitamos una respuesta rápida o cuando no tenemos toda la información a mano. También es eficaz en campos en los que tenemos mucha experiencia previa y podemos reconocer patrones automáticamente.
- Pensamiento racional. Es preferible en situaciones que requieren análisis detallado, planificación a largo plazo, o cuando necesitamos tomar decisiones basadas en datos claros y objetivos.

7. Explicabilidad

- Intuición. Es difícil de explicar. A menudo sentimos que «simplemente lo sabemos», sin poder ofrecer una justificación lógica o detallada. Esto puede hacer que sea complicado defender una decisión tomada de manera intuitiva frente a los demás.

- Pensamiento racional. Es fácilmente explicable. Se puede desglosar el proceso paso a paso y justificar por qué se llegó a una determinada conclusión. Es más fácil compartirlo con otros y obtener consenso, ya que todos pueden seguir la lógica.

8. Nivel de certeza

- Intuición. A pesar de que no siempre tiene una justificación lógica, la intuición suele sentirse muy certera. Cuando algo es intuitivo, sientes que es la respuesta correcta, aunque no puedas explicar por qué.
- Pensamiento racional. La certeza está basada en la solidez del análisis y los hechos. El nivel de seguridad proviene de la cantidad y calidad de la información que se ha analizado y de la lógica empleada.

9. Flexibilidad

- Intuición. Puede ser más flexible y adaptarse a situaciones ambiguas o donde hay información incompleta. La intuición puede captar señales sutiles que no son tan evidentes a nivel consciente.
- Pensamiento racional. Requiere que toda la información esté disponible para funcionar de manera óptima. Si hay incertidumbre o falta de datos, el proceso racional puede estancarse o ser menos efectivo.

10. Áreas del cerebro involucradas

- Intuición. Involucra áreas del cerebro como el sistema límbico (emociones), el hemisferio derecho (creatividad y percepción holística) y la corteza prefrontal, pero de manera menos consciente. También está conectada a la memoria implícita y las emociones.
- Pensamiento racional. Activa principalmente el hemisferio izquierdo del cerebro, que se encarga del análisis lógico, el lenguaje y la secuencialidad. La corteza prefrontal está muy involucrada en los procesos conscientes de toma de decisiones.

En resumen, la intuición es rápida, automática, inconsciente, implícita, con fundamento emocional, sensorial y experimental, se siente como algo seguro, es difícil de explicar, se adapta a la ambigüedad, se siente como certera, no es deseo, no es miedo, no se puede analizar. Pertenece a zonas subcorticales, sistema límbico y hemisferio derecho.

Y el pensamiento racional es lento, deliberado, consciente, lógico, se puede explicar y analizar, es racional, está basado en datos, explícito, depende de la calidad del análisis. Pertenece a la corteza prefrontal y hemisferio izquierdo

Ambos tipos de pensamiento tienen su valor, y la clave está en saber cuándo confiar en la intuición y cuándo recurrir al pensamiento racional para tomar decisiones más informadas y equilibradas.

Tomar decisiones basadas en la intuición puede ser fiable, pero su eficacia depende del contexto y de la situación en la que se aplique. Aquí expongo algunos aspectos que hay que tener en cuenta según la ciencia para evaluar si es fiable basar una decisión en la intuición:

1. Experiencia previa

- Fiable en campos conocidos. La intuición es más confiable cuando tienes experiencia previa en la situación.
- Menos fiable en áreas desconocidas. Si te enfrentas a una situación completamente nueva o si tienes poca experiencia en el área, tu intuición puede llevarte a decisiones erróneas, ya que el cerebro no tiene suficientes patrones previos para guiarse.

2. Contexto emocional

- Fiable cuando no hay emociones intensas. La intuición suele funcionar mejor cuando estás en un estado emocional neutro o relajado. Si estás bajo mucha presión, ansiedad o miedo, tu intuición puede estar distorsionada por estas emociones, y lo que sientes como una corazonada puede ser una reacción emocional irracional.
- Menos fiable si hay estrés o miedo. Las emociones intensas como el miedo o la ansiedad pueden hacer que confundas una reacción emocional con intuición. En situaciones de estrés, es más probable que tu cerebro te empuje a tomar decisiones rápidas basadas en el miedo a corto plazo, en lugar de respuestas intuitivas más sabias.

ESCUCHA A TU INTUICIÓN

3. Complejidad de la decisión

- Fiable en decisiones rápidas y simples. La intuición puede ser muy útil en decisiones rápidas y cotidianas, como elegir el camino que tomar o decidir en una conversación social. Aquí tu cerebro puede reconocer patrones y actuar rápidamente sin necesidad de un análisis profundo.
- Menos fiable en decisiones complejas. Si estás tomando una decisión que implica muchas variables o consecuencias a largo plazo, como una inversión financiera importante o un cambio de carrera, depender solo de la intuición puede ser arriesgado. En estos casos, es mejor combinar la intuición con el pensamiento racional y el análisis de datos.

4. Tiempo disponible

- Fiable en situaciones de tiempo limitado. En circunstancias de emergencia o donde no hay tiempo para una reflexión profunda, la intuición puede ser una herramienta poderosa. Es una manera de tomar decisiones rápidas basadas en tu subconsciente.
- Menos fiable en caso de que haya tiempo para analizar. Si tienes tiempo para considerar opciones y analizar los pros y contras, es más prudente hacer un análisis racional en lugar de depender únicamente de la intuición. Las decisiones racionales permiten explorar más detalles y minimizar riesgos.

5. Naturaleza de la decisión

- Fiable en situaciones que involucran personas o relaciones. La intuición es especialmente útil en contextos sociales o emocionales, como *leer* las intenciones de alguien o juzgar si una persona es de confianza. Aquí, las señales no verbales y los patrones emocionales que hemos aprendido a lo largo del tiempo juegan un papel importante en nuestras intuiciones.
- Menos fiable en situaciones técnicas. En áreas como la ciencia, las finanzas o la tecnología, donde las decisiones dependen de datos precisos y análisis objetivos, la intuición por sí sola no es suficiente. En estos casos, es más seguro recurrir a un análisis lógico y fundamentado.

6. Sesgos cognitivos

- Fiable cuando somos conscientes de los sesgos. La intuición puede verse afectada por sesgos cognitivos, como el sesgo de confirmación (solo ver lo que apoya nuestras creencias) o el sesgo de disponibilidad (dar más peso a la información reciente). Si reconoces estos sesgos y los tienes en cuenta, puedes ajustar tus intuiciones para que sean más precisas.
- Menos fiable si no identificas los sesgos. Si no eres consciente de estos sesgos, es fácil confundir una intuición genuina con una decisión basada en prejuicios o información distorsionada.

7. Capacidad de aprendizaje

- Mejora con la práctica. La intuición se vuelve más fiable cuanto más la usas en un campo específico. Con la experiencia, tu cerebro se vuelve mejor en la identificación de patrones y respuestas rápidas. Esto es particularmente visible en áreas como los deportes, el arte o la medicina, donde la intuición bien afinada puede llevar a decisiones muy acertadas.

- Puede fallar sin retroalimentación. Si no revisas las decisiones basadas en intuición o no aprendes de los errores, es más probable que tomes decisiones intuitivas incorrectas en el futuro. La intuición necesita retroalimentación constante para mejorar.

8. Combinación con el pensamiento racional

- Fiable cuando se complementa con la razón. La intuición es más poderosa cuando se usa en conjunto con el pensamiento racional. Por ejemplo, puedes tener una intuición sobre cuál es la mejor opción, pero luego usar el análisis racional para confirmar si esa opción tiene sentido. Este equilibrio permite decisiones más completas y acertadas.

- Menos fiable si se usa de manera aislada. Confiar solo en la intuición sin considerar la lógica o los hechos puede llevar a errores. Es ideal combinar ambas formas de pensamiento, especialmente en decisiones importantes o con consecuencias a largo plazo.

¿ES LO MISMO IMPULSO QUE INTUICIÓN?

No, impulso, deseo e intuición no son lo mismo, aunque a veces pueden sentirse similares porque ambos son reacciones rápidas. Sin embargo, hay diferencias importantes en su origen, naturaleza y las consecuencias que pueden generar:

1. Origen del proceso

- Impulso. Surge de una reacción emocional o fisiológica inmediata y, a menudo, inconsciente. Es una respuesta automática a estímulos, muchas veces relacionada con el deseo, el miedo o la necesidad de satisfacción rápida. Los impulsos suelen estar más relacionados con el sistema límbico, la parte del cerebro encargada de las emociones y las respuestas instintivas.
- Intuición. Proviene de un procesamiento más profundo del cerebro que toma en cuenta experiencias pasadas, patrones aprendidos y percepciones inconscientes. Aunque es rápida, la intuición está informada por una acumulación de conocimientos y experiencias previas, por lo que es más reflexiva que el impulso.

2. Naturaleza de la respuesta

- Impulso. Suele ser reactivo y está impulsado por emociones o deseos inmediatos. Puede llevarnos a actuar sin considerar las consecuencias a largo plazo, ya que el objetivo principal del impulso es satisfacer una necesidad o evitar una incomodidad de manera instantánea.

- Intuición. Es más reflexiva, aunque surja rápido. Involucra una sensación de certeza que no está guiada por una emoción intensa, sino por la sabiduría acumulada en el subconsciente. La intuición no necesariamente busca satisfacer un deseo inmediato, sino que suele estar más alineada con la percepción de lo que es correcto o adecuado en una situación.

3. Emociones asociadas

- Impulso. A menudo está ligado a emociones fuertes como el deseo, la ira, el miedo o la excitación. Por ejemplo, comprar algo impulsivamente para sentir placer, o gritar en medio de una discusión por frustración.
- Intuición. Suele estar acompañada de una sensación de calma o certeza. No tiene la urgencia emocional del impulso; se manifiesta como un saber sereno. No viene con la necesidad de satisfacer una emoción, sino más bien de actuar conforme a lo que se siente correcto.

4. Control y reflexión

- Impulso. Tiende a ser difícil de controlar. Cuando actuamos impulsivamente, es porque la emoción o la necesidad nos ha dominado, y es difícil resistir el impulso sin practicar el autocontrol.
- Intuición. Es más fácil de manejar porque no surge de una emoción desbordante. Te invita a tomar una decisión, pero no te fuerza a actuar inmediatamente. Puedes escucharla, reflexionar sobre ella y decidir qué hacer después.

5. Consecuencias

- Impulso. A menudo lleva a decisiones precipitadas que no siempre son las mejores. Como el impulso está centrado en la gratificación inmediata, puede llevar a arrepentimientos o a consecuencias negativas a largo plazo, ya que no considera las repercusiones más allá del momento presente.
- Intuición. Tiende a ofrecer decisiones más acertadas a largo plazo porque se basa en experiencias previas y en la percepción inconsciente de lo que es mejor en una situación. Aunque no siempre es infalible, la intuición suele estar más alineada con nuestros valores y sabiduría interna, por lo que es menos probable que cause arrepentimiento.

6. Cuándo aparecen

- Impulso. Suele surgir en situaciones donde estamos emocionalmente alterados o en busca de gratificación rápida.
- Intuición. Aparece en momentos de calma o reflexión, o en situaciones en las que el cerebro detecta patrones de forma rápida y automática.

7. Tiempo de respuesta

- Impulso. Tiende a ser instantáneo y busca una acción rápida. No deja mucho espacio para la reflexión, ya que su propósito es satisfacer una necesidad emocional o fisiológica de manera inmediata.
- Intuición. También es rápida, pero no tiene la misma urgencia que el impulso. Es más como un sentimiento de certeza que aparece y puede dejar espacio para pensar.

8. Reflexión posterior

- Impulso. A menudo, cuando tomamos decisiones impulsivas, más tarde podemos arrepentirnos o desear haber actuado de manera diferente, ya que no consideramos las posibles consecuencias a largo plazo.
- Intuición. Generalmente, las decisiones basadas en intuición tienden a sentirse más correctas con el tiempo, incluso si no entendemos completamente por qué en el momento. La intuición está más en sintonía con nuestras experiencias previas y valores.

Aunque ambos pueden ser útiles en ciertos contextos, es importante distinguir entre actuar por impulso (lo que a menudo puede llevar a decisiones precipitadas) y seguir la intuición (que, aunque rápida, tiende a estar más alineada con nuestras experiencias y sabiduría interna).

Decidir cuándo confiar en la intuición y cuándo no es clave para hacer elecciones más equilibradas y conscientes.

La intuición es poderosa, pero no siempre es la mejor herramienta para todas las decisiones.

Aquí tienes una guía sobre qué tipo de decisiones es recomendable tomar desde la intuición y en cuáles es mejor apoyarse en el pensamiento racional o un enfoque más analítico.

LA VIDA COTIDIANA Y LA FELICIDAD

DECISIONES QUE PUEDES TOMAR DESDE LA INTUICIÓN

1. Decisiones en áreas de experiencia

Si tienes mucha experiencia en un campo específico (por ejemplo, en tu carrera profesional, arte, deporte o cualquier área en la que seas competente), tu intuición suele ser confiable. En estos casos la intuición se basa en patrones que tu cerebro ha aprendido y almacenado con el tiempo.

2. Interacciones sociales y relaciones

La intuición es útil en situaciones sociales donde debes *leer* a las personas, decidir si alguien te parece confiable o si una relación fluye de manera natural. Aquí la intuición capta señales sutiles, como el lenguaje corporal, el tono de voz y la energía de la persona.

3. Toma de decisiones rápidas

En situaciones donde no hay tiempo para un análisis profundo, como en emergencias o decisiones de último minuto, la intuición puede ser muy efectiva. Por ejemplo, decidir qué hacer ante una situación de riesgo o cómo tomar una decisión en la carretera para evitar un accidente.

4. Creatividad y arte

Las decisiones relacionadas con la creatividad o la expresión personal suelen ser más fluidas y auténticas cuando se toman desde la intuición. Esto incluye el arte, la música, la escritura o cualquier actividad creativa.

Por ejemplo, elegir una paleta de colores para una pintura o tomar una decisión espontánea en una improvisación musical.

5. Elecciones cotidianas o personales

Para decisiones más personales y cotidianas, como elegir qué ropa ponerte, qué ruta tomar al trabajo o qué libro leer, la intuición es útil porque no requieren un análisis profundo ni tienen consecuencias importantes a largo plazo.

Por ejemplo, decidir qué cocinar para la cena o qué actividad realizar en tu tiempo libre.

6. Decisiones basadas en valores personales

La intuición puede ser una guía confiable cuando estás tomando decisiones que están alineadas con tus valores y tu sentido de lo correcto. Si una decisión te sienta mal a nivel profundo, tu intuición podría estar señalando una desconexión con tus principios.

Por ejemplo, cuando decides rechazar una oferta de trabajo que no encaja con tus valores, aunque te ofrezcan un salario atractivo.

DECISIONES QUE NO DEBERÍAS TOMAR SOLO DESDE LA INTUICIÓN

1. Decisiones financieras importantes

Para decisiones que implican grandes sumas de dinero o compromisos financieros a largo plazo, como invertir, comprar una casa o elegir un plan de jubilación, es mejor no depender solo de la intuición. Aquí el análisis racional, los datos y los consejos de expertos son cruciales.

Como ejemplo de algo que no deberías hacer sirve invertir en acciones de una empresa porque tienes una corazonada de que van a subir, sin investigar previamente el mercado.

2. Decisiones médicas

Aunque a veces puedes tener intuiciones sobre tu propia salud, siempre es recomendable apoyarte en evidencia médica y el consejo de profesionales antes de tomar decisiones sobre tratamientos o diagnósticos.

Por ejemplo, no deberías decidir que no vas a tomar una medicación o que vas a evitar una consulta médica simplemente porque sientes que no la necesitas, sin consultar a un médico.

3. Decisiones a largo plazo o de gran impacto

Para decisiones con consecuencias a largo plazo (como mudarse a otro país, cambiar de carrera o casarse), es importante combinar la intuición con un análisis racional. Estas decisiones requieren más reflexión, planificación y considerar múltiples factores.

Un ejemplo sería mudarse a otra ciudad sin investigar las oportunidades laborales, las condiciones de vida o sin hacer una planificación adecuada.

4. Asuntos legales

Los problemas que implican aspectos legales requieren un enfoque lógico, basado en la ley, los hechos y los procedimientos. La intuición puede jugar un papel pequeño, pero no debería ser el único factor que considerar.

Por ejemplo, firmar un contrato legal sin leerlo ni consultar con un abogado solo porque confías en la persona involucrada.

5. Elecciones basadas en ciencia o tecnología

En decisiones que involucran la ciencia, la tecnología o el análisis de datos complejos, es mejor no confiar solo en la intuición. Estas áreas requieren un entendimiento preciso de los datos y cómo aplicarlos de manera racional.

Por ejemplo, elegir un tratamiento médico experimental sin investigar los estudios clínicos o estadísticas de éxito porque sientes que podría ser la mejor opción.

6. Decisiones bajo estrés emocional o presión.

Si estás emocionalmente alterado o bajo mucha presión, la intuición puede verse distorsionada por el miedo, la ansiedad o el estrés. En estos casos es mejor esperar a estar en un estado mental más neutral antes de tomar una decisión importante.

Por ejemplo, responder impulsivamente en medio de una discusión acalorada, basándote en una reacción emocional en lugar de reflexionar sobre el impacto de tus palabras o acciones.

CÓMO EQUILIBRAR INTUICIÓN Y RAZÓN

1. Escucha tu intuición, pero valida con hechos

Si tu intuición te dice algo importante, presta atención, pero compáralo con los datos, la lógica y la información disponible. La combinación de ambos enfoques suele llevar a las mejores decisiones.

2. Consulta con expertos

En situaciones complejas o en las que no tienes mucha experiencia, busca la opinión de alguien que tenga conocimientos profundos en el tema antes de tomar una decisión solo con la intuición.

3. Tómate tiempo para reflexionar

Si es posible, no tomes decisiones grandes de inmediato. Incluso si sientes una fuerte intuición, deja que repose un poco y vuelve a evaluarla después con más claridad.

El equilibrio entre intuición y razón puede ayudarte a tomar decisiones más completas y acertadas. Recuerda poner siempre la razón al servicio de tu corazón.

¿CÓMO TE LLEVA LA INTUICIÓN AL ÉXITO?

La intuición puede ser un buen camino hacia el éxito, pero no es la única herramienta que necesitas. El éxito proviene de saber cuándo escuchar tu intuición y cuándo complementarla con otras formas de pensamiento. Así que no pierdas de vista estas ideas esenciales:

1. La intuición como guía en la toma de decisiones

La intuición puede ser una gran aliada cuando se trata de tomar decisiones rápidas, especialmente en contextos de incertidumbre. En muchos casos sentir una corazonada o confiar en tu instinto puede darte la claridad y el empuje necesarios para actuar con decisión.

Las decisiones intuitivas te permiten moverte rápido y con confianza en situaciones donde no tienes toda la información o cuando el análisis exhaustivo puede ser demasiado lento. Esto es especialmente útil en entornos que cambian rápidamente, como los negocios o la creatividad, donde necesitas adaptarte y responder al momento.

2. La intuición se fortalece con la experiencia

Tu intuición mejora a medida que ganas experiencia en un campo específico. Cuanto más practiques y aprendas, más efectivos serán tus instintos.

Un chef experimentado puede crear un plato innovador basándose en su intuición sobre sabores, aunque nunca lo haya probado antes. Su éxito radica en la acumulación de experiencias anteriores que guían su intuición.

LA VIDA COTIDIANA Y LA FELICIDAD

3. Conectar con tus pasiones y propósito

La intuición es útil para guiarte hacia lo que realmente te apasiona o hacia lo que está más alineado con tu propósito en la vida. A veces, tomar decisiones basadas únicamente en el análisis racional puede llevarte por caminos que no te satisfacen emocionalmente o que no se alinean con tus valores personales. La intuición, en cambio, te ayuda a escuchar tu corazón y a seguir lo que te hace sentir pleno.

Si confías en tu intuición para hacer elecciones alineadas con tu propósito y valores, es más probable que te sientas motivado, comprometido y feliz con tu vida. Esto es esencial para mantener la energía y el enfoque en tu camino hacia el éxito. Un profesional puede sentir que debe dejar un empleo estable porque intuye que es el momento de seguir su verdadera pasión, lo que lo lleva a emprender un proyecto que lo llena más, incluso si no parece la opción más segura a nivel racional.

4. Flexibilidad en situaciones de incertidumbre

El éxito muchas veces depende de tu capacidad para adaptarte a circunstancias cambiantes y aprovechar oportunidades inesperadas. La intuición te ayuda a navegar en la incertidumbre, porque te permite detectar rápidamente oportunidades o peligros que aún no son evidentes.

La intuición te permite ajustar el curso rápidamente cuando las circunstancias cambian, y esto puede ser clave para aprovechar una oportunidad en el momento adecuado o evitar un problema antes de que sea demasiado grande.

Un inversionista que sigue su intuición puede retirarse de una inversión justo antes de una caída, o puede entrar en un mercado emergente porque siente que es el momento adecuado, incluso si los datos no son concluyentes aún.

5. Innovación y creatividad

La intuición es una herramienta poderosa cuando se trata de tomar decisiones creativas o innovadoras. Las grandes ideas muchas veces no surgen de un análisis exhaustivo, sino de una corazonada o una chispa de inspiración que parece surgir de la nada. Confiar en tu intuición puede abrirte a nuevas formas de pensar y crear, lo que es clave para el éxito en áreas creativas y disruptivas.

La innovación y el éxito en áreas creativas requieren asumir riesgos y experimentar. La intuición te ayuda a identificar cuándo seguir un camino no convencional o tomar una dirección que otros pueden no haber considerado. Steve Jobs era conocido por seguir su intuición en muchas decisiones importantes en Apple, creando productos que no necesariamente respondían a estudios de mercado, pero que terminaron siendo revolucionarios.

6. Confianza y liderazgo

Los líderes exitosos a menudo inspiran confianza en los demás porque son decididos y confiados en sus acciones. La intuición puede ayudarte a proyectar esa confianza, ya que tomar decisiones rápidas y seguras puede infundir seguridad en tu equipo o en quienes te rodean.

LA VIDA COTIDIANA Y LA FELICIDAD

Un líder que sigue su intuición puede actuar con convicción, y esto no solo le beneficia a él, sino que también refuerza la confianza del equipo. Esto es esencial en situaciones donde no hay tiempo para dudar o analizar en exceso.

Un gerente que intuye el mejor enfoque para manejar una crisis en el equipo puede tomar una decisión rápida que inspire confianza y mantenga el equipo unido.

INTUICIÓN Y EMOCIÓN, ¿DIFERENTES O IGUALES?

La intuición y la emoción están profundamente conectadas, pero no son lo mismo. Aunque ambas pueden surgir rápidamente y a menudo se experimentan de manera similar, la intuición no siempre está ligada a emociones intensas, sino más bien a una percepción que viene del subconsciente.

1. La intuición se nutre de las emociones y las sensaciones

Las emociones juegan un papel clave en la formación de la intuición. A lo largo de nuestra vida, hemos experimentado situaciones que dejan una huella emocional. Cuando enfrentamos una situación nueva, nuestro cerebro accede a esa base de datos emocional para ayudarnos a tomar decisiones rápidas. En otras palabras, muchas veces nuestra intuición se basa en emociones o recuerdos emocionales que ya hemos vivido, incluso si no somos conscientes de ello.

2. La intuición es más sutil que las emociones fuertes

A diferencia de las emociones intensas como el miedo, la ira o la excitación, que suelen ser claras y a veces abrumadoras, la intuición suele manifestarse de una forma más sutil. Es una especie de sensación que puede estar acompañada por una ligera emoción, pero no te desborda como una emoción fuerte.

3. Factores que pueden nublar la intuición

Aunque la intuición se basa en una combinación de experiencias y emociones pasadas, las emociones intensas pueden distorsionar o nublar tu intuición. Si estás en una situación de mucho estrés o bajo una fuerte carga emocional, como miedo o ansiedad, es posible que lo que crees que es una intuición sea en realidad una reacción emocional.

Si estás muy ansioso por una entrevista de trabajo, podrías interpretar cada pequeña señal de manera negativa («Mi intuición me dice que no les caigo bien»), cuando en realidad es solo tu ansiedad hablando. En esos casos, es importante dar un paso atrás y esperar a que las emociones se calmen para evaluar la situación con más claridad.

4. Las emociones proporcionan señales físicas a la intuición

A menudo, la intuición se siente en el cuerpo, y esas señales físicas están relacionadas con nuestras emociones. Las emociones se manifiestan físicamente, y estas respuestas corporales pueden formar parte de la sensación intuitiva.

5. La intuición accede a emociones inconscientes

La intuición a menudo está guiada por emociones que no están a nivel consciente. Estas emociones pueden haber sido formadas por experiencias pasadas o aprendizajes previos, pero no siempre recordamos exactamente de dónde vienen. A pesar de ello, nuestra intuición utiliza esas emociones como parte del proceso para tomar decisiones rápidas y automáticas.

Puedes tener una intuición sobre evitar una inversión financiera arriesgada sin saber exactamente por qué. Quizá, en el pasado, experimentaste una pérdida financiera similar y las emociones asociadas con esa experiencia están influyendo en tu intuición, aunque no seas consciente del recuerdo específico.

6. La intuición puede estar alineada con emociones positivas

Cuando la intuición está alineada con lo que realmente quieres o con tus valores, a menudo se acompaña de emociones positivas, como la calma, la claridad o la satisfacción. Si tomas una decisión intuitiva que está en sintonía con tu verdadero ser, es probable que te sientas bien, incluso si no puedes explicar lógicamente por qué has tomado esa decisión.

Puedes sentirte tranquilo y confiado al aceptar una oportunidad de viaje, aunque en la superficie no parezca el momento adecuado. Esa calma es una señal de que tu intuición está guiada por algo más profundo, y no solo por una reacción emocional pasajera.

7. Emociones fuertes pueden confundirse con intuición

A veces, emociones como el miedo o el entusiasmo pueden hacernos creer que estamos siguiendo nuestra intuición, cuando en realidad estamos reaccionando impulsivamente. Aquí es donde es importante aprender a distinguir entre una reacción emocional intensa y una verdadera corazonada.

Si sientes miedo ante una situación nueva, podrías interpretarlo como una corazonada de que algo malo sucederá, pero en realidad, podría ser solo una respuesta emocional natural a lo desconocido. La verdadera intuición, en estos casos, es más tranquila y no está basada en el miedo.

8. La intuición se manifiesta cuando las emociones están en equilibrio

Para que la intuición sea más clara y efectiva, es importante estar en un estado emocional equilibrado.

Después de una meditación o un tiempo de relajación, puedes sentirte más conectado con tu intuición, porque las emociones fuertes se han calmado y puedes acceder mejor a tu sabiduría interna.

¿CUÁNDO CONFIAR EN LA INTUICIÓN Y CUÁNDO NO?

La intuición es como una herramienta poderosa, pero no siempre es la mejor guía. Aquí tienes algunos consejos para orientarte.

Confía en tu intuición cuando:

- Tienes experiencia previa en la situación.
- Necesitas tomar una decisión rápida.
- Se trata de un asunto emocional o social, como evaluar la confianza en alguien.

Sé cauteloso con tu intuición cuando:

- Estás bajo mucha presión emocional.
- Se trata de una decisión técnica o basada en datos.
- No tienes suficiente experiencia en el área.

HACIA LA FELICIDAD

«Si yo estoy bien, todo está bien». ¿Te has parado alguna vez a reflexionar acerca de esta afirmación? ¿Dirías que funciona así en tu vida, que cuando estás bien, te parece que todo está bien, o al menos no tan mal? Tengo la certeza casi plena de que tu respuesta es afirmativa. Y no es nada extraño: percibimos el mundo no como es, sino según como estamos, y también influye mucho en esa visión la manera en que se haya forjado nuestra personalidad.

Pero la ruta hacia la felicidad, y por tanto la salida de situaciones negativas, está dentro: que la vida fuera esté bien ayuda y mucho, pero como apunte diré que para realizar esa afirmación es importante no tanto que se coloque todo lo de fuera, que muchas veces no está en nuestro alcance, sino que estemos bien colocados por dentro.

Los entornos laborales son una parte muy importante de nuestra rutina; yo lo llamo el cole de mayores, pasamos en . ellos la mayor parte de la vida de adultos; en ellos queremos crecer, aportar, así que llegamos con ilusión, pero luego se nos olvida, y perdemos ese impulso, absorbido por los conflictos y las relaciones laborales, hasta el punto de que el trabajo se convierte en un problema o un obstáculo vital, cuando debería ser un reto que nos pida un ajuste creativo más acorde a nuestra personalidad.

El trabajo está relacionado con temas profundos de misión de vida, propósito; en torno a él también se viven nuestros cambios vitales, cómo evolucionamos, nos pasan cosas mientras estamos en un trabajo, cosas dentro y fuera del trabajo, y esta dedicación no está exenta de dudas, crisis y momentos de incertidumbre y miedo donde la intuición se apaga, aunque intenta salir por muchos lados para indicar las señales del camino.

La vida es un mar lleno de aventuras, tormentas, mareas e incluso tsunamis. Tú eres el barco, bueno, tu cuerpo es el barco y tú el capitán de ese barco. Y cuanto más firme y consistente seas y más preparado y fuerte estés, mejor te irá la navegación y antes llegarás a buen puerto.

Cuando el barco está débil, no solo corremos un peligro real, sino que también sufrimos miedo ante la inseguridad. Y entonces se produce la descompensación psicológica y la física, porque en el cuerpo todo está unido, pero también estamos unidos al mar de la vida.

LA VIDA COTIDIANA Y LA FELICIDAD

Como personas adultas sabemos que la vida diaria nunca está colocada, nunca está igual, puede estar en calma hoy, pero mañana haber marejadilla. Puede estar el capitán bien, pero el barco tener poco combustible…, y así sucesivamente.

Esto traducido no es ni más ni menos que la vida misma, donde puede haber cosas que estén funcionando fenomenal y otras que necesiten repararse. Puede que me vaya genial en el trabajo pero me esté separando; puede que me vaya genial en la pareja y en el trabajo, pero mi padre se esté muriendo; puede que me vaya todo bien y llame la psicóloga del cole de mis hijos, o puede que tenga miedo de que me echen del trabajo… La vida colocada son micromomentos y ensayos continuos de nuestra propia obra de teatro.

Por todo esto, debes tener muy en cuenta estas dos cosas:

1. Lo único permanente es el cambio. Así que tenemos que disfrutar del presente, de cada momento, tener nuestra vida actualizada, decir «Te quiero» las veces que haga falta, vivir tranquilo cada día, acostarse por las noches en paz.
2. Hay que trabajar en fortalecer nuestro barco para poder mirar el mar con la seguridad del que se siente sostenido y fuerte ante cualquier embestida o tormenta, y tener muy claro que «Esto también pasará».

ESCUCHA A TU INTUICIÓN

LOS VÍNCULOS Y LA OXITOCINA

Si analizamos los estudios que se han realizado en los últimos años, podemos concluir también que la calidad de tu vida depende principalmente de la calidad de tus pensamientos y la calidad de tus relaciones.

Expertos de la Universidad de Harvard ya lo han afirmado: el mayor predictor de felicidad viene determinado por la calidad de nuestros vínculos, y sabemos que el vínculo es tan importante que es capaz de intervenir de una manera muy directa en nuestro bienestar o malestar diario y en nuestra salud actual y futura.

Sabemos que las personas que dicen tener mejor calidad de vida, mejor salud y sentirse felices afirman disfrutar de unas relaciones y unos vínculos importantes y sólidos.

Este aspecto del vínculo también se hace relevante si mencionamos que, en la parte del ser humano en la que resultamos ser química, la oxitocina es nuestro sello como seres, y esta es responsable además de mantener la neuroquímica de otras funciones importantes, como las relaciones sociales, el altruismo, la filantropía, la empatía y la reproducción (es decir, la propia conservación de la especie).

La oxitocina viene de dos fuentes: la propia y la que se genera desde el vientre materno. Y además tu cuerpo es tan generoso que te deja que seas tú quien desde tu propio amor la vayas haciendo crecer y la desarrolles en relación con los demás.

Si además mencionamos que socialmente y antropológicamente somos una especie social, y que nuestro cerebro se

LA VIDA COTIDIANA Y LA FELICIDAD

mantiene sano con movimiento y con relaciones sociales, esto se convierte en un gran aliado de la salud física y mental. Los psicólogos decimos siempre que cualquier herida puede ser curada y resuelta desde una buena relación, desde un buen vínculo, y eso siempre estás a tiempo hacerlo, ¿por qué no ahora?

Si supieras o pudieras verte en el futuro con una enfermedad que podría haber sido causada por la calidad en la que has vivido las relaciones y los vínculos, ¿los atenderías, los trabajarías?

¿Qué importancia le damos al vínculo? ¿O a crear sintonía, a establecer frecuencias comunes de comunicación y comprensión?

¿Qué importancia le damos a pertenecer, a ser importantes para algo o alguien, a que nuestra voz cuente, a sentirnos parte de algo, a sentir que somos útiles, que hay alguien que nos cuida y nos quiere, que contamos e importamos, en definitiva, a sentir que no estaremos solos ante la vida?

Os diré que la alegría compartida es doble alegría, el dolor compartido es medio dolor. ¿Qué importancia tiene entonces el compartir?

De sobra sabemos que es más cómodo pensar: «Yo mismo con mi mecanismo», pero esto, que es de gran placer dopaminérgico por el control aparente que nos hace creer que tenemos, sin embargo es un arma suicida que empieza por el deterioro de nuestra salud emocional y termina por la física.

Por eso es tan importante cultivar los vínculos, porque estos son causa de nuestra existencia como especie, y como tal son causa de nuestro bienestar y de nuestra felicidad.

ESCUCHA A TU INTUICIÓN

Además, os diré algo más, no solo nos vinculamos con nuestras palabras o acciones, también lo hacemos desde la energía.

Un estudio de la Universidad de Helsinki ya vio cómo los campos electromagnéticos de los corazones de las personas que estaban en un radio cercano, como el del entorno laboral, se contagian. Vamos, que si estamos de mal rollo, lo contagiamos, y si estamos más positivos también.

Y también sabemos por estudios de neurociencia que cuando criticamos a otros esto afecta a su cerebro, pero también al nuestro ya que se activan áreas de dolor en la corteza somatosensorial. De ahí que las críticas que no sean constructivas ni amables duelen, y duelen de verdad.

Por eso es importante que pongamos el foco en el vínculo, máxime en entornos donde vamos a pasar gran parte de nuestra vida.

Un entorno laboral saludable tiene una parte de idealización y otra real, y resulta que en nuestro cerebro cuando hay tormenta las situamos separadas, creyendo que la causa de nuestra infelicidad es nuestro trabajo. La madurez es un aspecto fundamental para comprender que la vida es crecimiento continuo y que tiene un movimiento de contracción y expansión. Todos querríamos tener entornos de reconocimiento, maduros, de diálogo, de asertividad, donde los miedos se compartan y donde podamos hackear lo que hasta ahora se ha heredado de las relaciones laborales como un deporte de alto riesgo. ¿Creéis que es un imposible crear un entorno laboral saludable? Ahí está el reto.

Hay una máxima que dice: «Si conociéramos la historia que hay detrás de nuestros enemigos, se desvanecería cualquier hostilidad». Del mismo modo, si mirásemos el prisma completo de cada compañero laboral, cambiarían mucho las cosas. Pero como esto no siempre es posible y no pretendemos que las vidas de otros sean tragedias, toca ser responsables y ponernos manos a la obra.

Creemos que la hostilidad es un mecanismo de autoridad y de decir no. Nos sentimos protegidos desde la queja y desde el desahogo continuo frente a aquello que no sabemos resolver o que nos confronta en lo que debemos crecer. Pero recuerda que todo esto forma parte del juego de la vida y tú eliges en gran parte cómo vivirlo.

DECIR NO ASERTIVAMENTE Y CRITICAR AMABLEMENTE ES TODO UN ARTE.

Hablarle al corazón de la otra persona es un regalo vital, y escuchar activamente y sin juicio no te fallará.

Por eso, si quieres sentir que todo va bien, a pesar de que te estés ocupando de circunstancias vitales complicadas, si quieres conectarte con la serenidad del mar y la fortaleza de un sólido barco, conviértete en un gran amigo tuyo, háblate bien, cuídate con mimo, recarga tu batería diaria y comparte este estado con tu entorno.

No conozco a nadie que, sintiéndose bien, no le nace hacer lo mismo con los demás y desea expandir su buen rollo. Por eso te animo a que crees grandes vínculos desde el corazón, y comienza tú hoy mismo, como decía Gandhi, por ser el cambio que deseas ver en el mundo.

LA INTUICIÓN EN ACCIÓN: HISTORIAS DEL DÍA A DÍA

Hace poco una amiga me contó que había tenido una corazonada de que debía tomar un camino distinto al habitual para recoger a su hijo del colegio. No había ninguna razón lógica para hacerlo: el tráfico parecía normal y el cielo estaba despejado. Sin embargo, decidió seguir su intuición. Resulta que esa tarde hubo un accidente en su ruta habitual, lo que habría retrasado su llegada significativamente. ¿Casualidad? Puede ser, pero cuando las personas en tantas ocasiones describen las mismas formas sensitivas sin poder explicar el porqué de algunas acciones, parece más que una causalidad.

Lo interesante es que la intuición no está reservada a expertos o personas con mucha experiencia. Todos podemos acceder a ella, incluso en actividades cotidianas como cocinar o hacer ejercicio.

Cuando sientes que debes bajar la intensidad de tu entrenamiento porque notas que algo no va bien en tu cuerpo, estás usando tu intuición.

… LA VIDA COTIDIANA Y LA FELICIDAD

¿QUÉ NO ES INTUICIÓN?

Saber lo que no es intuición puede ser complicado, ya que a menudo confundimos nuestras emociones, deseos, miedos o pensamientos racionales con corazonadas intuitivas. Sin embargo, existen señales claras que te pueden ayudar a distinguir cuándo no estás siendo guiado por tu intuición, sino por otros factores que pueden influir en tus decisiones.

Aquí te doy algunas claves para reconocer lo que NO es intuición:

1. Si está cargado de emociones intensas, NO es intuición

La intuición es una sensación calmada y equilibrada. Si lo que estás sintiendo está lleno de emociones intensas, como miedo, ansiedad, euforia o ira, es probable que sea una reacción emocional. Las emociones intensas tienden a nublar nuestra claridad mental y pueden llevarnos a tomar decisiones impulsivas.

Por ejemplo, si estás considerando una oferta de trabajo y te sientes muy ansioso o eufórico, es probable que esas emociones estén influyendo en tu juicio. La intuición se siente más tranquila y clara, sin grandes altibajos emocionales.

2. Si te hace sentir presión o urgencia, NO es intuición

La intuición no te presiona para actuar rápidamente. Si sientes una gran urgencia o presión para tomar una decisión de inmediato, es posible que no sea tu intuición, sino un impulso o una respuesta basada en el miedo o el deseo de evitar una situación incómoda. La intuición no viene con ansiedad por actuar, te da el tiempo necesario para reflexionar.

Por ejemplo, si te sientes apurado para hacer algo «antes de que sea demasiado tarde», y esa urgencia está llena de tensión, probablemente sea una reacción impulsiva. La intuición te guiará sin prisa.

3. Si viene acompañada de un pensamiento excesivo o análisis intenso y riguroso, NO es intuición

La intuición suele aparecer como una respuesta rápida y clara. Si te encuentras pensando demasiado, haciendo listas mentales de pros y contras o intentando justificar tu decisión, probablemente sea un pensamiento racional o una duda. La intuición no necesita argumentos ni justificaciones.

Por ejemplo, si has pasado horas pensando y analizando todos los detalles de una decisión y sigues sin llegar a una conclusión clara, lo que está sucediendo es que tu mente racional te está dominando. La intuición no requiere análisis exhaustivo, simplemente «lo sabes».

4. Si está influenciado por el miedo o la inseguridad, NO es intuición

El miedo es una de las emociones que más tiende a confundirse con la intuición. Sin embargo, el miedo suele llevarte a actuar de manera defensiva o a evitar riesgos, mientras que la intuición puede guiarte hacia caminos que, aunque incómodos, son lo correcto para ti. Si sientes que tu decisión está dominada por el temor a algo, es probable que no sea intuición.

Por ejemplo, si te sientes tentado a rechazar una oportunidad porque te asusta el cambio o el fracaso, esa es una señal de que el miedo está hablando. La intuición puede empujarte fuera de tu zona de confort, pero sin generar miedo o inseguridad.

5. Si está guiado por un fuerte deseo o expectativa, NO es intuición

La intuición no está impulsada por deseos intensos o expectativas irreales. Si sientes que una decisión se basa en lo que «quieres que ocurra» en lugar de en lo que sientes profundamente, probablemente no sea intuición. Los deseos fuertes, como querer que algo funcione a toda costa, pueden nublar tu juicio y hacerte creer que una corazonada es real cuando, en realidad, es solo un anhelo.

Por ejemplo, si estás en una relación y sientes que debes quedarte solo porque quieres que funcione, pero algo en el fondo no se siente bien, esa sensación podría no ser una corazonada genuina, sino un deseo de que la relación se ajuste a tus expectativas.

6. Si viene acompañada de pensamientos de validación externa, NO es intuición

Si lo que sientes está fuertemente influenciado por lo que los demás piensan o por el deseo de agradar o impresionar a otros, no es intuición. La intuición no busca validación externa ni necesita la aprobación de los demás. Las decisiones basadas en lo que otros esperan de ti son una señal de que no estás actuando desde tu verdad interna.

Si estás a punto de tomar una decisión de qué carrera estudiar porque crees que es lo que tu familia o tus amigos esperan de ti, y no porque sientas en tu interior que es lo correcto, esa no es una decisión intuitiva.

7. Si te sientes confuso o con contradicciones, NO es intuición

La intuición se manifiesta con claridad, mientras que las decisiones no intuitivas tienden a sentirse confusas o llenas de contradicciones. Si te encuentras yendo y viniendo entre diferentes opciones sin una sensación clara de dirección, es probable que no estés escuchando tu intuición, sino lidiando con dudas y un exceso de análisis.

Por ejemplo, si una parte de ti quiere algo, pero otra parte tiene dudas y no puedes llegar a una conclusión firme, eso es señal de que tu mente racional está al mando. La intuición se siente segura y directa, sin esa confusión.

8. Si proviene de un lugar de necesidad o carencia, NO es intuición

La intuición no se basa en la necesidad o el vacío. Si una decisión está motivada por una sensación de falta o por intentar llenar un vacío emocional, no es intuición. Las decisiones basadas en la carencia tienden a estar impulsadas por la necesidad de seguridad o de llenar un hueco emocional, lo que puede llevarte a confundir impulsos con intuición.

LA VIDA COTIDIANA Y LA FELICIDAD

Por ejemplo, si sientes que necesitas tomar una decisión rápidamente porque temes perder algo o a alguien, es posible que estés actuando desde una necesidad emocional, no desde la intuición.

9. Si te hace sentir agotado mentalmente, NO es intuición

La intuición no te drena; al contrario, suele dejarte con una sensación de calma o ligereza. Si una decisión o corazonada te deja agotado, estresado o drenado, es probable que sea el resultado de un análisis mental excesivo o de una carga emocional intensa.

Por ejemplo, si después de horas de pensar en una decisión, te sientes exhausto o bloqueado mentalmente, es probable que hayas estado utilizando solo tu mente lógica y emocional.

10. Si está guiado por la obligación, NO es intuición

Las decisiones intuitivas no están dictadas por lo que *deberías* hacer o lo que otros esperan de ti. Si lo que estás sintiendo está motivado por la obligación o la necesidad de cumplir con ciertas expectativas sociales o familiares, eso no es intuición.

Por ejemplo, si te sientes obligado a asistir a un evento familiar, profesional o de amigos porque *deberías* hacerlo según lo que la sociedad te ha inculcado, y no porque lo sientas profundamente en tu interior, esa decisión no es intuitiva.

8

ETAPAS VITALES Y PERSONALIDAD

La intuición es una capacidad que parece evolucionar con nosotros a lo largo de las diferentes etapas vitales, influenciada por factores como la experiencia, el desarrollo cerebral, los cambios hormonales, las circunstancias, el desarrollo personal y los cambios vitales.

INFANCIA Y NIÑEZ

En esta etapa la intuición está muy relacionada con la curiosidad innata y la falta de prejuicios. Los niños suelen seguir sus instintos de manera más pura, ya que no están tan condicionados por normas sociales o creencias culturales. Además, tienen una gran capacidad para captar emociones de manera intuitiva, especialmente en el ámbito familiar.

Cuando pensamos en la intuición, a menudo la asociamos con adultos experimentados, personas que parecen tener un sexto sentido cultivado a lo largo de los años. Sin embargo, no

ESCUCHA A TU INTUICIÓN

es un rasgo exclusivo de los adultos; de hecho, en la infancia se manifiesta de forma pura y libre de prejuicios. Es una forma de conocimiento instintivo y no verbal, un radar interno que guía a los niños en sus interacciones con el mundo. Se manifiesta como una respuesta espontánea a su entorno, basada en sus emociones, experiencias tempranas y patrones de aprendizaje.

Según estudios de neurociencia, la corteza prefrontal, que está asociada con el pensamiento lógico y analítico, no está completamente desarrollada en los niños. Esto significa que sus decisiones y percepciones dependen más de áreas cerebrales relacionadas con las emociones, como la amígdala y el sistema límbico.

Por ejemplo, un niño puede sentir que alguien no es de fiar sin ser capaz de explicarlo. Este tipo de reacción se basa en la percepción inconsciente de señales sutiles: expresiones faciales, tono de voz o incluso el lenguaje corporal de la otra persona. Aunque no tengan las palabras para describirlo, su cerebro está procesando información de forma rápida e intuitiva.

Veamos cómo se manifiesta la intuición en la infancia a través de estos factores:

1. **Conexión emocional instantánea.** Los niños pequeños tienen una sensibilidad especial para percibir las emociones de las personas que los rodean. Esto se debe a que el cerebro infantil está en un estado de aprendizaje constante y es altamente receptivo a los estímulos sociales. Por eso pueden sentirse atraídos hacia personas amables y cálidas, mientras se alejan instintivamente de quienes les generan incomodidad.

2. **Creatividad e imaginación.** La intuición también se manifiesta a través de su capacidad para imaginar y crear. Los niños a menudo saben cómo resolver problemas jugando o inventando historias, sin necesidad de análisis previo.

   Según el psicólogo Jean Piaget, esto está relacionado con el pensamiento preoperacional, una etapa en la que la lógica rígida todavía no domina la mente del niño, permitiendo que la intuición florezca.
3. **Sensibilidad ante los cambios.** Es común que los niños detecten tensiones en el hogar antes de que se verbalicen. Esta habilidad se basa en su capacidad para captar señales emocionales y contextuales, incluso cuando no se expresan de forma explícita.
4. **Toma de decisiones instintiva.** Un niño puede elegir a qué amigo invitar a jugar o qué actividad realizar guiado por un sentimiento más que por un análisis consciente.

La intuición en los niños no surge de la nada, está profundamente arraigada en procesos evolutivos y neurológicos:

1. **El aprendizaje implícito.** Desde los primeros meses de vida, los niños aprenden de manera implícita, es decir, absorben patrones del mundo que los rodea sin ser conscientes de ello. Por ejemplo, un bebé puede reconocer el tono de voz de sus cuidadores y asociarlo con seguridad o amenaza. Esta capacidad para aprender de manera indirecta construye las bases de la intuición.

ESCUCHA A TU INTUICIÓN

2. **La neuroplasticidad.** El cerebro infantil es extremadamente plástico, lo que significa que es capaz de adaptarse y reorganizarse rápidamente en respuesta a nuevas experiencias. Esta flexibilidad permite que los niños desarrollen conexiones rápidas entre emociones, percepciones y acciones, un aspecto fundamental de la intuición.
3. **La conexión con el cuerpo.** La intuición no es solo mental, también es física. Los niños sienten sus emociones en el cuerpo de manera intensa y directa. Por ejemplo, pueden tener mariposas en el estómago antes de un evento importante o sentir tensión muscular cuando algo no les gusta. Según estudios en neurociencia interoceptiva, esta conexión cuerpo-mente es esencial para el desarrollo de la intuición.
4. **La confianza innata.** Los niños pequeños no cuestionan sus percepciones tanto como los adultos. Su intuición es más limpia, porque todavía no ha sido ensombrecida por dudas, racionalizaciones o condicionamientos sociales.

Cómo cultivar y respetar la intuición en los niños

Es importante que los adultos aprendamos a valorar y fomentar la intuición en los niños, en lugar de minimizarla o descartarla como «fantasías infantiles».

Aquí tienes algunos consejos para fortalecer esta habilidad innata:

ETAPAS VITALES Y PERSONALIDAD

1. **Escucha activa.** Si un niño dice que algo no le gusta o que se siente raro respecto a una persona o situación, escúchalo sin juzgar. Su intuición puede estar captando señales que tú no percibes.
2. **Fomenta la reflexión.** Aunque los niños actúan de forma intuitiva, puedes ayudarlos a poner palabras a lo que sienten. Preguntas como «¿Por qué crees que eso te hace sentir así?» los ayudan a conectar sus emociones con su intuición.
3. **Respeto por sus decisiones.** Cuando los niños toman decisiones basadas en su intuición, como elegir con quién jugar o qué actividades realizar, es importante respetarlas, siempre que sean seguras y apropiadas.
4. **Modela el valor de la intuición.** Si tú confías en tu intuición, los niños aprenderán a hacer lo mismo. Habla de tus decisiones intuitivas y cómo te han ayudado.

La intuición en la infancia no solo es una herramienta de supervivencia, sino también un recordatorio de nuestra conexión más profunda con el mundo. A medida que crecemos, las capas de lógica, prejuicios y miedos pueden oscurecer esa brújula interna. Sin embargo, si aprendemos a observar a los niños y a confiar en su forma de percibir la vida, quizá podamos recuperar un poco de esa sabiduría innata que todos llevamos dentro.

Al final, la intuición infantil no es solo un recurso para los niños, también es un recordatorio para los adultos de que, a veces, la mejor respuesta no está en lo que pensamos, sino en lo que sentimos. Y en un mundo cada vez más saturado de información, aprender de la intuición de los más pequeños puede ser un acto revolucionario.

ADOLESCENCIA

En esta etapa, la intuición puede ser confusa o estar influenciada por los cambios hormonales y emocionales que se viven. La búsqueda de identidad y el deseo de pertenencia pueden hacer que los adolescentes desarrollen una mayor percepción social, con lo cual pueden sentir las dinámicas grupales y captar señales no verbales de sus pares, aunque también puede haber mucha incertidumbre sobre cómo interpretar estas sensaciones.

La adolescencia es una etapa fascinante y compleja, marcada por cambios profundos a nivel físico, emocional y neurológico. En medio de esta tormenta de transformaciones, la intuición emerge como un recurso interno que, aunque muchas veces incomprendido, juega un papel esencial en el desarrollo personal. También puede manifestarse de formas particularmente intensas y confusas, precisamente porque el cerebro está en plena reorganización.

Desde el punto de vista neurocientífico, la adolescencia es una época de poda sináptica y reorganización cerebral, especialmente en la corteza prefrontal, responsable de funciones como la planificación, la toma de decisiones y el control de impulsos. Al mismo tiempo, las áreas límbicas, relacionadas con las emociones y las recompensas, están hiperactivas. Este desequilibrio hace que los adolescentes tiendan a ser más impulsivos, sensibles y reactivos, características que también influyen en cómo se manifiesta su intuición.

La intuición en los adolescentes está fuertemente influida por estas áreas límbicas, lo que significa que sus corazonadas suelen estar impregnadas de emociones intensas. Por ejemplo, un adolescente puede sentir que algo no encaja en una situación social o que debe acercarse a una persona en particular porque hay algo en ella que le da confianza. Estas intuiciones suelen estar basadas en una mezcla de señales emocionales, experiencias previas (aunque sean pocas) y una sensibilidad especial para captar dinámicas interpersonales.

Durante la adolescencia, la intuición puede presentarse de varias maneras, muchas de ellas sutiles:

1. **Sensaciones corporales.** Los adolescentes a menudo experimentan la intuición como un presentimiento físico. Esto ocurre porque el cerebro y el cuerpo están profundamente conectados, y muchas veces el cuerpo detecta incongruencias antes de que la mente consciente las procese.

2. **Impulsos repentinos.** Es común que tengan deseos o inclinaciones súbitas, como querer evitar a una persona o tomar una decisión aparentemente irracional. Estas corazonadas, aunque puedan parecer impulsivas, suelen estar fundamentadas en señales sutiles que el cerebro ha procesado rápidamente.

3. **Empatía aguda.** Los adolescentes tienen una capacidad especial para *leer* el estado emocional de quienes los ro-

dean, incluso sin darse cuenta. Esta sensibilidad emocional, unida a su intuición, puede ayudarlos a detectar cuándo alguien está mintiendo, triste o molesto aunque sus palabras digan lo contrario.

4. **Atracción por ciertas experiencias o personas.** Esta intuición, aunque no siempre sea acertada, es una forma de explorar su identidad y buscar conexiones significativas. Las relaciones sociales cobran un protagonismo crucial en esta etapa, y los adolescentes desarrollan una especie de radar social que les permite captar sutilezas en la comunicación no verbal y dinámicas grupales.

Pero, como toda intuición, la adolescente no siempre es precisa. La inmadurez de la corteza prefrontal puede llevar a interpretaciones erróneas o decisiones precipitadas basadas en intuiciones incompletas. Sin embargo, esto no significa que deba ser desestimada. Al contrario, es un recurso que los adolescentes pueden aprender a entender y afinar con el tiempo.

Los adolescentes pueden desarrollar una relación más consciente y saludable con su intuición si cuentan con el acompañamiento adecuado.

Algunas estrategias útiles son las siguientes:

1. **Fomentar la reflexión.** Animarlos a cuestionar sus corazonadas y a explorar por qué sienten lo que sienten puede ayudarlos a conectar la intuición con el pensamiento racional.

2. **Practicar la escucha interna.** Técnicas como la meditación o la atención plena pueden ayudarlos a diferenciar entre una intuición genuina y una reacción emocional desproporcionada.

3. **Ofrecer un entorno seguro.** Los adolescentes necesitan espacios donde puedan expresar sus corazonadas sin miedo al juicio. Esto fortalece su confianza en sí mismos y en su capacidad para tomar decisiones.

En última instancia, la intuición en la adolescencia es una herramienta clave en la construcción de la identidad.

Al escuchar su voz interior y reflexionar sobre sus decisiones, los adolescentes no solo afinan su capacidad para interpretar el mundo, sino que también comienzan a definir quiénes son y qué valoran.

La intuición bien trabajada y desarrollada en la adolescencia, como en cualquier etapa de la vida, puede ser una brújula poderosa que guía el camino hacia el autoconocimiento y el desarrollo personal.

En un mundo lleno de ruido externo, aprender a escuchar y confiar en esa pequeña voz interior puede ser uno de los mayores regalos que los adolescentes se hagan a sí mismos. Y como adultos, nuestro papel es acompañarlos en este proceso, no para dictarles qué sentir, sino para enseñarles a navegar con sabiduría el fascinante océano de su intuición.

ESCUCHA A TU INTUICIÓN

EDAD ADULTA TEMPRANA

En esta etapa, la intuición comienza a basarse más en la experiencia acumulada. Las decisiones intuitivas suelen estar mejor informadas por las vivencias anteriores, aunque en este momento de la vida puede haber una lucha entre la lógica y el instinto, ya que las responsabilidades crecen (trabajo, relaciones...). Es un momento de aprendizaje sobre confiar o no en esa voz interna.

La intuición juega un papel crucial en la primera madurez, o edad adulta temprana, que se sitúa aproximadamente entre los veinte y los cuarenta años, es un periodo de grandes cambios y decisiones trascendentales: estudiar una carrera, formar relaciones significativas, definir objetivos vitales e, incluso, cuestionar las propias creencias.

Es en esta etapa cuando la intuición comienza a manifestarse con mayor claridad y fuerza. Pero ¿por qué? La respuesta está en la combinación de dos elementos clave: el desarrollo del cerebro y la acumulación de experiencias. Durante la infancia y la adolescencia, el cerebro está en pleno proceso de maduración. Áreas como la corteza prefrontal, responsable de la toma de decisiones, y la amígdala, vinculada a las emociones, se desarrollan a lo largo de los años, alcanzando su punto álgido en la adultez temprana. Este desarrollo permite que las conexiones neuronales sean más eficientes y que las decisiones intuitivas, basadas en patrones aprendidos, sean más precisas.

En la edad adulta temprana, la intuición puede manifestarse de diversas formas:

ETAPAS VITALES Y PERSONALIDAD

1. **Corazonadas en la toma de decisiones importantes.** Es común sentir *algo* al decidir entre aceptar un trabajo, mudarse a otra ciudad o invertir en una relación. Aunque no siempre podamos justificar ese sentimiento con lógica inmediata, estas corazonadas suelen ser reflejo de una evaluación rápida y profunda de las opciones basadas en experiencias.

2. **Reconocimiento de patrones en relaciones interpersonales.** En esta etapa, muchas personas desarrollan una capacidad casi instintiva para *leer* a los demás. Por ejemplo, pueden detectar cuando alguien no es del todo sincero o, al contrario, sentir una conexión inmediata con alguien que comparte sus valores.

3. **Creatividad y resolución de problemas.** La intuición también se manifiesta en momentos de inspiración repentina, cuando las soluciones parecen surgir de la nada. En realidad, estas ideas suelen ser el resultado de un proceso inconsciente en el que el cerebro ha estado procesando información en segundo plano.

En la madurez temprana, hay nuevos aspectos que la sustentan. Entre ellos, destacan estos:

1. **Experiencia acumulada.** A los treinta años, por ejemplo, una persona ya ha vivido suficientes experiencias como para reconocer patrones que la ayuden a predecir resultados en situaciones similares.

2. **Memoria implícita.** Gran parte de lo que vivimos queda almacenado en la memoria implícita, aquella que no

recordamos conscientemente pero que influye en nuestras decisiones. Por ejemplo, un camarero que ha trabajado años en un restaurante puede «intuir» cuándo un cliente está a punto de pedir ayuda sin necesidad de palabras.

3. **Conexión emoción-cognición.** Antonio Damasio, neurocientífico y autor de *El error de Descartes,* demostró que las emociones desempeñan un papel crucial en la toma de decisiones. Las emociones, en combinación con la experiencia, actúan como marcadores somáticos que guían las elecciones intuitivas en esta etapa de la vida.

A pesar de su utilidad, muchas personas en la edad adulta temprana pueden dudar de su intuición. Esto sucede, en parte, porque vivimos en una sociedad que prioriza el análisis lógico y el pensamiento racional. Sin embargo, estudios recientes han demostrado que las decisiones intuitivas suelen ser igual de precisas, e incluso más eficaces, que las decisiones basadas exclusivamente en el razonamiento lógico, especialmente en situaciones complejas o de alta presión.

Algunas prácticas que pueden fortalecerla en esta etapa son:

- **Confía en tus experiencias.** Reflexionar sobre lo que has aprendido de situaciones pasadas te ayudará a reconocer patrones en el futuro.
- **Escucha tus emociones.** Identifica cómo ciertas decisiones resuenan en tu cuerpo. ¿Sientes alivio, ansiedad, entusiasmo?

- **Prueba y ajusta.** No temas equivocarte. La intuición mejora a través del ensayo y error.
- **Practica la introspección.** Dedica tiempo a desconectar y escuchar lo que tu mente te dice sin distracciones externas.

En última instancia, la intuición en la primera madurez es el puente entre el pasado que hemos vivido y el futuro que queremos construir. Y en esta etapa se convierte en una aliada invaluable para navegar la vida con propósito y confianza.

MADUREZ O ADULTO MEDIO

En esta etapa, que suele comprender entre los cuarenta y los sesenta años, la intuición suele afinarse. Las personas que han alcanzado un cierto nivel de autoconocimiento pueden acceder más fácilmente a su intuición, ya que tienen más claridad sobre quiénes son y qué desean. Su experiencia vital les permite tomar decisiones intuitivas más acertadas, basadas en una mezcla de datos subconscientes y experiencias anteriores. Además, el cerebro ha madurado, y puede acceder a respuestas rápidas y efectivas sin necesidad de un análisis exhaustivo.

Por eso, en la edad adulta media, la intuición adquiere una dimensión especialmente significativa. Es un periodo de transición, de autoconocimiento y de redefinición de prioridades. Y es precisamente en este contexto, cuando las responsabilidades profesionales y familiares coexisten con una necesidad creciente de introspección, que nuestra intuición emerge como una herramienta poderosa y confiable.

Entre los cuarenta y los sesenta años suele manifestarse como una certeza calmada que guía nuestras decisiones, ya sea en el ámbito profesional, familiar o personal. Es esa sensación de saber cuándo confiar en alguien, cuándo asumir un riesgo o cuándo retirarnos de una situación que ya no nos aporta valor.

¿En qué se basa la intuición en esta etapa?

1. **Experiencia acumulada.** En la edad adulta media, hemos vivido lo suficiente como para haber recopilado una cantidad significativa de experiencias, tanto positivas como negativas. Esta base de datos emocional y cognitiva se convierte en el alimento principal de nuestra intuición.

2. **Mayor autoconocimiento.** Con los años, solemos tener una idea más clara de quiénes somos, qué queremos y qué valores nos guían. Este autoconocimiento fortalece nuestra capacidad para escuchar nuestras corazonadas, porque estamos más conectados con nuestras necesidades reales y menos influenciados por la presión externa.

3. **Desarrollo de la empatía.** La madurez emocional nos permite comprender mejor a los demás, incluso sin necesidad de palabras. La empatía, que también tiene raíces neurológicas en las neuronas espejo, está profundamente conectada con la intuición, ayudándonos a *leer* situaciones sociales con mayor precisión.

ETAPAS VITALES Y PERSONALIDAD

4. **Integración de hemisferios cerebrales.** Estudios recientes en neurociencia muestran que, con la edad, los dos hemisferios del cerebro trabajan de manera más sincronizada. Esto significa que somos capaces de combinar el análisis lógico del hemisferio izquierdo con la creatividad y las emociones del derecho, lo que refuerza nuestra capacidad intuitiva.

En la edad adulta media, muchas personas enfrentan grandes dilemas: un cambio de rumbo profesional, el nido vacío tras la partida de los hijos o la decisión de priorizar el autocuidado después de años de dar prioridad a los demás. La intuición puede ser un aliado invaluable en este proceso, ayudándonos a navegar por aguas inciertas con confianza.

Durante la menopausia

No puedo evitar mencionar el impacto de la menopausia en la intuición, ya que este libro explora las conexiones entre cerebro y cuerpo. Durante esta etapa, las fluctuaciones hormonales pueden alterar nuestra percepción e intuición, algo respaldado por investigaciones como las de Sherwin (2012), que examinaron cómo la caída de los estrógenos afecta la memoria y el procesamiento emocional. Pero lejos de verlo como una desventaja, muchas mujeres reportan un «despertar intuitivo» durante esta etapa, posiblemente porque, con la experiencia acumulada, sus cerebros priorizan señales más relevantes.

¿Cómo fortalecer nuestra intuición en la edad adulta media?

1. **Cultivando la atención plena.** Prácticas como la meditación o el *mindfulness* nos ayudan a estar más presentes y a escuchar nuestras sensaciones internas sin juicios. Esto crea un espacio mental donde la intuición puede florecer.
2. **Confiando en nuestras emociones.** Las emociones son una fuente de información valiosa. En lugar de reprimirlas, aprender a interpretarlas nos permite acceder a los mensajes que nuestra intuición intenta transmitirnos.
3. **Aprendiendo de la experiencia.** Reflexionar sobre nuestras decisiones pasadas, tanto las acertadas como las equivocadas, nos ayuda a identificar los patrones que guían nuestra intuición.
4. **Reduciendo el ruido mental.** En una sociedad saturada de información y opiniones externas, es fundamental crear momentos de silencio para conectar con nuestra voz interior. Pasar tiempo en la naturaleza, escribir un diario o simplemente desconectarse de la tecnología puede ser de gran ayuda.

La edad adulta media es una etapa rica en desafíos y oportunidades, y la intuición puede ser el faro que ilumine nuestro camino. Al aprender a confiar en ella, estamos reconociendo el valor de nuestra experiencia, nuestra sabiduría y nuestra capacidad para tomar decisiones alineadas con quienes somos en esencia.

Y en la madurez, cuando los ruidos externos comienzan a perder fuerza y nuestra voz interna se hace más clara, descubrimos que, en realidad, siempre hemos llevado dentro la brújula que nos guía hacia lo que realmente importa.

EDAD SÉNIOR Y MÁS...

La intuición en la edad sénior es un regalo de la experiencia. A partir de los sesenta años, la vida comienza a desplegarse desde una perspectiva distinta, como si el tiempo ofreciera un filtro más nítido y sabio para comprender el mundo.

En este momento vital, la intuición, ese conocimiento inmediato que parece surgir sin un razonamiento explícito, se manifiesta con una fuerza y claridad que puede sorprender incluso a quienes la experimentan.

Pero ¿por qué la intuición parece cobrar mayor relevancia en la edad sénior? La respuesta radica en una fascinante combinación de biología, experiencia y neurociencia. Desde la neurociencia, sabemos que se basa en el funcionamiento de estructuras cerebrales como el córtex prefrontal y el sistema límbico, que trabajan en tándem para procesar información de manera rápida y eficiente. A lo largo de la vida, nuestro cerebro recopila y almacena patrones basados en experiencias pasadas. Cuando enfrentamos una situación nueva, estas memorias implícitas se activan automáticamente, generando una sensación o juicio rápido que reconocemos como intuición.

En la edad sénior, el cerebro ha acumulado décadas de aprendizaje y experiencias. Esto no solo enriquece la memoria implícita, sino que también refuerza la capacidad de

ESCUCHA A TU INTUICIÓN

reconocer patrones complejos, incluso de manera inconsciente. En otras palabras, la intuición en esta etapa de la vida es el resultado de un archivo mental vasto y bien organizado que permite tomar decisiones con rapidez y, a menudo, con notable precisión.

La intuición en la tercera edad no se limita únicamente a procesos automáticos. Está profundamente ligada a la sabiduría, un concepto que la psicología y la filosofía han estudiado durante siglos. La sabiduría implica la capacidad de integrar conocimientos y experiencias con empatía y discernimiento, lo que permite tomar decisiones no solo efectivas, sino también éticas y compasivas.

Un estudio publicado en *Frontiers in Psychology* en 2020 destacó que las personas mayores tienden a confiar más en sus juicios intuitivos que las generaciones más jóvenes, y con buenos resultados. Esto se debe, en parte, a que la experiencia les ha enseñado a interpretar matices emocionales y contextuales que otros podrían pasar por alto. A diferencia de la juventud, donde la intuición puede ser más impulsiva, en la edad sénior se convierte en una herramienta refinada, guiada por años de reflexión y aprendizaje.

Aunque el envejecimiento trae consigo ciertos desafíos cognitivos, como una disminución en la velocidad de procesamiento o de la memoria a corto plazo, la intuición se mantiene robusta e incluso mejora con los años. Esto se debe a la plasticidad cerebral, la capacidad del cerebro para adaptarse y reorganizarse. Las áreas relacionadas con el procesamiento emocional, como la amígdala y la corteza orbitofrontal, siguen funcionando eficazmente, lo que permite que la intuición emocional, es decir, la habilidad para *leer* a las personas y las situaciones, permanezca intacta.

Además, estudios de neurociencia han encontrado que el hemisferio derecho, que está más asociado con el pensamiento holístico y la creatividad, tiende a ser más activo en las personas mayores.

Esto podría explicar por qué la intuición, especialmente en la forma de sensaciones viscerales o corazonadas, se vuelve más prominente con la edad.

La intuición en la tercera edad se presenta de muchas maneras. Puede ser la certeza silenciosa de que algo no está bien en una conversación, la decisión de cambiar de rumbo mientras se conduce o incluso el impulso de llamar a un ser querido en el momento justo.

Este tipo de intuición no siempre viene acompañada de explicaciones racionales, pero suele estar cargada de una confianza que inspira acción.

En el ámbito social, las personas mayores a menudo muestran una intuición afinada para interpretar las emociones de los demás.

Este sexto sentido social es particularmente valioso en un mundo donde las conexiones humanas pueden volverse más significativas con el tiempo.

También es común que en esta etapa de la vida las decisiones importantes, como las relacionadas con la familia o la salud, se tomen basándose en una mezcla de intuición y experiencia, logrando un equilibrio que pocas veces falla.

ESCUCHA A TU INTUICIÓN

Aunque la intuición es un regalo natural de la experiencia, a estas edades también puede cultivarse y fortalecerse. La práctica de la atención plena (*mindfulness*), por ejemplo, ayuda a afinar la conexión entre el cuerpo y la mente, permitiendo que las corazonadas se perciban con mayor claridad. Del mismo modo, mantenerse mentalmente activo, abierto a nuevas experiencias y conectado socialmente son estrategias clave para potenciar esta capacidad.

También es importante confiar en la intuición. Con demasiada frecuencia, la cultura moderna valora el razonamiento lógico por encima de todo, llevando a las personas a dudar de sus corazonadas. Sin embargo, en la tercera edad, la intuición no solo es una herramienta poderosa, sino una fuente de confianza en uno mismo y en las decisiones que se toman.

La intuición en la edad sénior no solo beneficia a quien la experimenta. Es un regalo que puede compartirse con las generaciones más jóvenes, ofreciendo orientación y perspectiva en momentos clave. La vida, después de todo, es un viaje lleno de incertidumbres, y contar con la sabiduría intuitiva de quienes han recorrido un camino más largo puede ser un faro para los demás.

En definitiva, la intuición de los más mayores es el resultado de un cerebro sabio, un corazón abierto y una vida rica en experiencias. Es un recordatorio de que el paso del tiempo no solo trae retos, sino también regalos invaluables, como la capacidad de navegar el mundo con una confianza serena y profunda.

INTUICIÓN Y PERSONALIDAD

Recordemos que la intuición es una capacidad que varía de persona a persona, y ciertos rasgos de personalidad pueden favorecer su desarrollo.

Las personas con una intuición más desarrollada suelen tener las siguientes características:

1. **Alta sensibilidad emocional.** Aquellas personas que son más conscientes de sus propias emociones y las de los demás tienden a captar señales sutiles que otros podrían pasar por alto, lo que puede fortalecer su intuición.
2. **Apertura a nuevas experiencias.** Las personas que están abiertas a lo nuevo, lo desconocido y a diversas perspectivas suelen ser más intuitivas, ya que están dispuestas a aceptar y procesar información de diferentes maneras.
3. **Empatía.** Quienes poseen una fuerte capacidad para ponerse en el lugar de los demás suelen captar información emocional no verbal que influye en su intuición.
4. **Autoconfianza.** La capacidad de confiar en las propias decisiones y sensaciones internas es clave para que la intuición sea efectiva. Las personas seguras de sí mismas tienden a seguir su instinto más fácilmente.
5. **Creatividad.** Las personas creativas suelen estar más en sintonía con su intuición porque utilizan formas de pensamiento menos lineales y más abstractas, lo que les permite hacer conexiones intuitivas.

6. **Introversión.** Aunque no siempre es el caso, las personas introvertidas suelen dedicar más tiempo a la introspección y la reflexión, lo que puede fomentar una mayor capacidad para escuchar su intuición.
7. **Tolerancia a la ambigüedad.** Las personas que no necesitan respuestas claras e inmediatas y que se sienten cómodas con la incertidumbre suelen dejar espacio para que su intuición guíe sus decisiones.

Recuerda que la intuición está asociada con una combinación de sensibilidad emocional, apertura mental, empatía y autoconfianza. Cada persona puede desarrollar su intuición a través de la práctica de la autoconciencia y la reflexión.

La intuición puede variar de persona a persona y está influenciada por varios factores, además de la personalidad, como el entorno y la experiencia.

No se puede decir que un grupo específico de personas tenga menos desarrollada la intuición, pero hay algunos factores que pueden reducir o inhibir su uso:

1. **Personas muy racionales o analíticas.** Aquellas que tienden a depender en exceso del pensamiento lógico y el análisis detallado pueden tener menos desarrollada la intuición, ya que priorizan el razonamiento consciente sobre los instintos o impresiones.
2. **Falta de experiencia en un campo determinado.** La intuición se desarrolla a menudo a través de la experiencia. Si una persona no tiene mucha exposición o práctica en

una situación o área, es probable que su intuición sea menos confiable o fuerte en ese contexto.

3. **Entornos muy controlados o rígidos.** En lugares donde no se permite la experimentación o el libre pensamiento, las personas pueden no desarrollar la confianza necesaria en su intuición, ya que siempre dependen de reglas externas.

4. **Personas con altos niveles de ansiedad o estrés.** Estos factores pueden dificultar que alguien acceda a su intuición, ya que la mente está más ocupada con preocupaciones inmediatas.

5. **Personas muy centradas en datos externos.** Quienes siempre buscan validación externa o dependen mucho de la opinión de otros en lugar de su propia percepción pueden tener una intuición menos afinada.

9
LO QUE ESTÁ POR VENIR

> La mente intuitiva es un regalo sagrado y la mente racional es su fiel sirviente. Hemos creado una sociedad que honra al sirviente y ha olvidado el regalo.
>
> ALBERT EINSTEIN

El cuerpo y su inteligencia es un concepto que comenzamos a tratar abiertamente hoy día. Cuántas personas han callado su intuición por vergüenza, por dudar, porque no era algo racional, porque la ciencia no lo terminaba de comprobar.

Te planteo una pregunta: ¿hay algo más dudoso que la razón, que son ideas y pueden cambiar con la volatilidad de una imagen en el cine?

El cuerpo sabe, siente e integra experiencias, inteligencias acumuladas en nuestro hipocampo no consciente. El cuerpo le manda información al corazón y se pone en diálogo con él. Es entonces el corazón quien, con serenidad y nada de reactividad instintiva emocional, le va a mandar una señal a tu cerebro para que tu razón elabore un plan acorde a nuestra inteligencia vital que es la intuición.

Pero si la razón está obstruida de preocupaciones, miedos, quehaceres, lo que pasó ayer y lo que sucederá mañana, y se encuentra además agobiada por no controlar todo lo que pasa por esa cabeza, no va a poder escuchar a nuestra grandiosa intuición, que viene regida por el corazón y que recoge muchísima información valiosa de nuestro cuerpo, y además nos trae la sensación de saber que eso sí es lo que quieres. ¿Te ha pasado esto alguna vez? ¿Has sentido alguna vez que sabías perfectamente que eso sí era o no era lo mejor para ti?

Cuando estés dándole muchas vueltas a una circunstancia o problema y no puedas plantearte una opción a través del pensamiento racional, ni tampoco puedas hacer unas tablas de pros y contras o de prioridades, entonces es momento de pedir ayuda explícita a tu corazón, que sabe lo que tu razón aún no conoce porque no es consciente.

RECUERDA QUE EL CORAZÓN SABE AQUELLO DE LO QUE LA RAZÓN AÚN NO SE HA DADO CUENTA.

Es importante saber que la mayor parte de la actividad cerebral ocurre de manera inconsciente. Pero ¿cómo ocurre la actividad consciente, es decir, aquella que nos permite darnos cuenta y percibir el mundo exterior, adquirir conocimientos y tomar decisiones de manera consciente?

LO QUE ESTÁ POR VENIR

Por ejemplo, cuando vemos una película, en realidad las imágenes suceden de forma pausada con cortes espaciados de varios segundos. Y aunque creemos que vemos todo lo que nos enseñan, en realidad no es así. Para que la información visual se haga consciente, es necesario que el cerebro haga muchos procesos de integración de información y que la actividad cerebral alcance la zona consciente del lóbulo prefrontal.

Cuando las imágenes se sustituyen rápidamente, la activación cerebral no llega al lóbulo prefrontal y no somos completamente conscientes de lo que se muestra. Aun así, tenemos la sensación subjetiva de que estamos viendo el contenido global de la película, pero esto es gracias a una percepción inconsciente. Ese procesamiento inconsciente también ocurre de manera muy frecuente cuando tratamos de decidir qué hacer en nuestro día a día.

Una demostración de que la actividad cerebral inconsciente precede a la actividad mental consciente es un experimento en el que se estudia el «momento ¡ajá!». Decimos «¡Ajá!» como sinónimo de «¡Lo encontré!» cuando hemos estado buscando la solución a un problema y de repente parece que se nos ilumina la mente y encontramos la solución.

Se ha confirmado en experimentos con contenido verbal que más de un segundo antes de que digamos «¡Ajá!» se activan zonas específicas parieto-occipitales y de la corteza temporal (es decir, zonas de asociación de la información, zonas visuales y zonas de memoria almacenada).

Las personas tomamos decisiones continuamente, y la elección de cualquiera de ellas ocurre a partir de motivos internos con contenido emocional consciente e inconsciente. Y nuestra acción final está principalmente configurada por el lóbulo prefrontal que regula en mayor medida y en último término nuestra ejecución conductual.

Entonces, ¿quién decide, tu cerebro, tu sensación, tu emoción... o un conjunto de todo lo anterior que se asocia y te da información muy útil para tus decisiones en la vida?

La intuición y la ciencia son dos maneras de comprender el mundo que a menudo se perciben como opuestas, pero pueden complementarse de manera efectiva.

Hemos definido la intuición como:

- Un proceso mental que permite llegar a conclusiones sin un razonamiento consciente y detallado.
- Se basa en la experiencia previa, patrones y conocimiento tácito acumulado.
- Es rápida y automática, permitiendo tomar decisiones en situaciones donde no hay tiempo para un análisis detallado.
- Puede ser errónea, ya que depende de sesgos y percepciones individuales.

Y sabemos que la ciencia es:

- Un método sistemático y estructurado para investigar el mundo natural y obtener conocimientos verificables.
- Utiliza el método científico, que incluye observación, hipótesis, experimentación, análisis de datos y conclusiones.

LO QUE ESTÁ POR VENIR

- Se basa en evidencia empírica y busca minimizar sesgos a través de la repetición y la revisión por pares.
- Es un proceso más lento, pero más confiable para llegar a conclusiones precisas y objetivas.

Pero hemos visto que ciencia e intuición tienen un punto de intersección y complementariedad que se puede resumir en estos puntos:

- La intuición puede guiar a los científicos en la formulación de hipótesis novedosas y en la exploración de nuevas áreas de investigación.
- En situaciones donde falta información completa, la intuición puede servir de guía para tomar decisiones iniciales.
- La ciencia, al validar o refutar intuiciones a través de métodos rigurosos, puede afinar y mejorar la precisión de las intuiciones futuras.
- La creatividad y el pensamiento lateral, a menudo basados en intuiciones, son fundamentales en el desarrollo de teorías y descubrimientos científicos.

Mientras la intuición ofrece una forma rápida y subjetiva de llegar a conclusiones, la ciencia proporciona un enfoque sistemático y objetivo para validar esas conclusiones. Juntas, pueden enriquecer nuestro entendimiento y capacidad para resolver problemas complejos.

ESCUCHA A TU INTUICIÓN

MÁS ALLÁ DE LA CIENCIA

¿Y qué ocurre entonces cuando la ciencia se queda corta a la hora de darnos explicaciones? La ciencia, tal como la conocemos, es una herramienta extraordinaria para comprender el mundo. Ha desentrañado los secretos del ADN, explorado los rincones más lejanos del universo y desarrollado tecnologías que transforman nuestras vidas. Sin embargo, también tiene sus límites, especialmente cuando se enfrenta a fenómenos que no se ajustan fácilmente al método científico tradicional.

El modelo científico se basa en la observación, la medición y la repetibilidad. Sin embargo, ¿qué ocurre con los fenómenos subjetivos, personales y únicos, como la intuición? Estos eventos no siempre son predecibles ni replicables en un laboratorio. ¿Significa esto que no son reales, o simplemente que aún no tenemos las herramientas para estudiarlos?

La intuición es un ejemplo perfecto de cómo la ciencia se enfrenta a sus propios límites. Si bien la neurociencia puede mapear áreas del cerebro relacionadas con la toma de decisiones intuitivas, aún no puede explicar por qué algunas personas experimentan sueños premonitorios, sincronías significativas o presentimientos inexplicables. En este vacío entre lo que sabemos y lo que no, surge la necesidad de explorar nuevos paradigmas.

Y aquí nos planteamos los límites del modelo cartesiano: ¿Por qué el método científico, aunque poderoso, no siempre captura fenómenos complejos como la intuición?

Este modelo basado en las ideas de René Descartes divide el mundo en dos esferas: lo material y lo mental. Este enfoque dualista permitió grandes avances al tratar el cuerpo humano como una máquina que podía estudiarse y descomponerse en partes. Sin embargo, este enfoque mecánico tiene dificultades para abordar fenómenos que no se ajustan a una lógica lineal o a un enfoque causa-efecto directo.

La intuición, por su naturaleza, es subjetiva, fluida y difícil de cuantificar. Y tiene algunas características desafiantes para el modelo de ciencia cartesiana, que se resumen en estas tres:

- **Subjetividad.** La intuición es una experiencia profundamente personal y, como consecuencia, difícil de medir objetivamente.
- **No linealidad.** Los eventos intuitivos no siempre siguen una secuencia lógica que pueda ser rastreada.
- **Impredecibilidad.** Los momentos de intuición suelen ser espontáneos, lo que dificulta su estudio en un entorno controlado.

Estos límites no son un fracaso de la ciencia, sino una invitación a expandir su marco. Así como la física cuántica obligó a repensar las leyes de la mecánica clásica, quizá la intuición y fenómenos similares requieran una nueva aproximación que combine métodos científicos con perspectivas más integradoras.

Algunos ejemplos de fenómenos no explicados son los siguientes:

Sincronías

Carl Jung fue uno de los primeros en explorar la intuición y fenómenos relacionados desde una perspectiva psicológica y espiritual. Definió la sincronía como la «coincidencia significativa» entre un evento externo y un estado interno del individuo. Estas coincidencias van más allá del azar, pues parecen tener un mensaje o propósito. Para Jung, las sincronías eran ejemplos claros de cómo el inconsciente colectivo se manifestaba en nuestra vida cotidiana. Según él, estas coincidencias no eran casuales, sino una forma de conexión entre el mundo interno (psíquico) y externo (físico). Jung trabajó estrechamente con Wolfgang Pauli, un físico cuántico, para explorar cómo la psicología y la física podían unirse para explicar estos fenómenos. Aunque sus ideas no siempre fueron aceptadas por la comunidad científica, abrieron la puerta a discusiones sobre la relación entre la mente, la materia y la intuición.

Características de las sincronías:

- **Significado subjetivo.** Lo que convierte a una coincidencia en una sincronía es el significado emocional que tiene para la persona.
- **Oportunidad perfecta.** Las sincronías parecen ocurrir en momentos clave, cuando se busca claridad o guía.
- **Conexión inexplicable.** A menudo, los eventos involucrados no tienen una relación causal evidente, pero están profundamente conectados en un nivel simbólico.

Por ejemplo, imagina que estás reflexionando sobre un problema complejo y, de repente, escuchas una frase en una canción que responde a tu pregunta. Aunque científicamente podría considerarse una casualidad, para la persona que lo experimenta tiene un peso emocional y simbólico profundo.

Sueños premonitorios

Los sueños premonitorios son aquellos en los que una persona sueña con un evento que posteriormente ocurre en la vida real. Aunque la neurociencia puede explicar cómo el cerebro organiza y procesa información en los sueños, aún no puede explicar cómo alguien puede soñar con un evento que aún no ha ocurrido.

Por ejemplo, alguien que sueña con un accidente en una carretera específica y decide tomar otro camino al día siguiente, solo para descubrir que ocurrió un accidente justo en esa ruta.

Casualidades significativas

Este fenómeno ocurre cuando varios eventos aparentemente no relacionados se alinean para crear un significado profundo.

Por ejemplo, imagina que estás pensando en cambiar de carrera, y de repente, varias personas mencionan el mismo tema en conversaciones separadas, como si el universo estuviera enviándote un mensaje.

EL CEREBRO COMO RECEPTOR

¿Es posible que las intuiciones sean mensajes de un campo más amplio, como el energético o el colectivo? Una teoría intrigante e interesante sugiere que el cerebro podría no ser solo un generador de pensamientos, sino también un receptor. Esta idea plantea que nuestras intuiciones podrían ser el resultado de conexiones con un campo más amplio, de tipo energético, colectivo o incluso cuántico.

Algunas hipótesis incluyen:

1. **El inconsciente colectivo.** Carl Jung propuso que todos compartimos un nivel de inconsciente que trasciende al individuo. Este «inconsciente colectivo» sería una especie de depósito universal de experiencias humanas, mitos y arquetipos. Según esta teoría, nuestras intuiciones podrían ser accesos momentáneos a este almacén de conocimiento compartido.

2. **Campos energéticos.** Algunas teorías sugieren que cada ser humano tiene un campo energético que interactúa con el entorno. La intuición podría ser una forma de captar cambios en estos campos, algo que aún está fuera del alcance de nuestra tecnología para medir.

3. **Entrelazamiento cuántico.** En la física cuántica, el entrelazamiento describe cómo dos partículas pueden estar conectadas de tal manera que, incluso a grandes distancias, lo que le ocurra a una afecta a la otra. Algunos científicos especulan que las conexiones intuitivas entre

personas o eventos podrían estar relacionadas con principios similares, aunque esta idea aún carece de pruebas concretas.

Cuando la ciencia tradicional se enfrenta a fenómenos como la intuición, no debemos verlo como un límite infranqueable, sino como una señal de que estamos entrando en territorios desconocidos.

Fenómenos como las sincronías, los sueños premonitorios y las casualidades significativas nos invitan a expandir nuestra comprensión de la realidad. Este capítulo es una invitación a imaginar un futuro en el que la ciencia no solo mida lo tangible, sino que también explore lo intangible con curiosidad, rigor y apertura.

LA ENERGÍA Y LA INTUICIÓN

¿Qué entendemos por «energía» en la vida cotidiana? La palabra «energía» es una de las más utilizadas en nuestro vocabulario cotidiano, pero también una de las más difíciles de definir con precisión.

Solemos asociarla con conceptos tan variados como la vitalidad —«Hoy no tengo energía»—, las emociones —«Esa persona tiene una energía muy positiva»— o incluso el ambiente de un lugar —«Hay una buena energía aquí».

Desde una perspectiva científica, la energía se refiere a la capacidad de realizar trabajo, ya sea en forma de movimiento, calor, electricidad o radiación. Sin embargo, en el contexto de la intuición, adquiere un significado más amplio, que abarca tanto la dimensión física como la emocional, psicológica y espiritual.

En términos prácticos cotidianos, hablamos de energía cuando describimos sensaciones que no podemos medir directamente pero que percibimos claramente. Por ejemplo:

- La vibración que sentimos al entrar en una habitación llena de tensión.
- La conexión instantánea que parece establecerse con ciertas personas.
- Los cambios sutiles que notamos en nuestro propio estado cuando estamos cerca de alguien que está emocionalmente alterado.

Estas experiencias nos invitan a reflexionar: ¿es posible que la energía no sea solo una metáfora, sino algo tangible que aún no entendemos completamente porque no podemos medir con la ciencia clásica?

LOS CAMPOS ELECTROMAGNÉTICOS Y SU INTERACCIÓN CON EL CUERPO HUMANO

La ciencia moderna nos dice que los seres vivos no solo somos materia física, también somos generadores y receptores de energía.

El cuerpo humano produce campos eléctricos y magnéticos que interactúan constantemente con el entorno.

Ya sabemos que:

- El corazón humano es una de las principales fuentes de energía electromagnética del cuerpo. A través de cada latido, genera un campo eléctrico y magnético que puede medirse con tecnologías como el electrocardiograma. Según el Instituto HeartMath, este campo puede extenderse varios metros más allá del cuerpo.
- El cerebro produce señales eléctricas constantes que se comunican a través de redes neuronales. Estas señales crean campos electromagnéticos que influyen en nuestro comportamiento y estado emocional.
- Las células, cada una de las que componen nuestro cuerpo, tienen un pequeño potencial eléctrico en su membrana, que es crucial para procesos como la transmisión nerviosa y la contracción muscular.

Estos campos electromagnéticos no solo son esenciales para el funcionamiento del cuerpo, sino que también interactúan con los campos de otros organismos y del entorno.

Aunque todavía no comprendemos completamente las implicaciones de estas interacciones, podrían ser una base para explicar fenómenos intuitivos como la empatía o la conexión emocional.

ESCUCHA A TU INTUICIÓN

¿POR QUÉ A VECES SENTIMOS LO QUE LE OCURRE A ALGUIEN SIN NECESIDAD DE PALABRAS?

Una de las experiencias intuitivas más comunes ocurre en nuestras relaciones con otras personas, especialmente con aquellas con las que compartimos un vínculo emocional profundo. ¿Por qué a veces sabemos que algo le ocurre a un ser querido, incluso cuando está lejos o no nos lo ha dicho directamente?

Algunas hipótesis científicas sugieren que están involucrados los siguientes factores:

1. **Resonancia emocional.** Cuando estamos cerca de alguien, nuestro cerebro y cuerpo tienden a sincronizarse con el otro. Esto ocurre a través de mecanismos como las neuronas espejo, que nos permiten sentir lo que otros sienten. Incluso a distancia, esta conexión emocional podría mantenerse a través de señales sutiles que percibimos inconscientemente.

2. **Campos energéticos compartidos.** El corazón y el cerebro generan campos electromagnéticos que pueden interactuar con los de otras personas. En relaciones cercanas, esta interacción podría ser más fuerte, permitiéndonos captar cambios en el estado emocional del otro.

3. **Inconsciente colectivo.** Como ya he explicado en este capítulo, Carl Jung propuso que todos estamos conectados a través de un nivel profundo de la mente. Según

esta idea, nuestras intuiciones sobre los demás podrían ser un reflejo de esta red compartida de experiencias humanas.

Ejemplos cotidianos que vivo continuamente en consulta remiten a que algunas personas aseguran sentir algo cuando sus familiares las necesitan. Es el caso de un amigo que llama justo cuando estás pensando en él. Estos fenómenos, aunque no tienen una explicación científica completa, son vivencias comunes que muchas personas consideran pruebas de esta conexión intuitiva.

LOS CAMPOS MORFOGENÉTICOS

La hipótesis de los campos morfogenéticos, propuesta por el biólogo Rupert Sheldrake, plantea una idea fascinante: todos los seres vivos estamos conectados a través de campos invisibles que contienen información colectiva. Según Sheldrake, estos campos no solo explican cómo los individuos de una especie comparten patrones de comportamiento, sino también cómo se transmiten los hábitos y las memorias colectivas.

Los principios clave de esta hipótesis son:

1. **Los campos como sistemas de memoria.** Los campos morfogenéticos actúan como un tipo de memoria colectiva que influye en los organismos. Por ejemplo, una bandada de aves que cambia de dirección simultánea-

mente podría estar actuando bajo la influencia de este campo compartido.

2. **La resonancia mórfica.** Los individuos estamos conectados a estos campos y pueden influir en nosotros o recibir información de nosotros. Esto explicaría por qué los comportamientos y aprendizajes se propagan más rápido de lo esperado dentro de una especie.

3. **Las implicaciones para la intuición humana.** Si los seres humanos también estamos conectados a través de campos morfogenéticos, nuestras intuiciones podrían ser una forma de acceder a esta red. Esto podría explicar por qué a veces sabemos algo sin tener una fuente lógica de información.

Aunque la hipótesis de Sheldrake ha sido criticada por la falta de evidencia empírica concluyente, también ha inspirado investigaciones en áreas como la biología, la psicología y la física cuántica, y si se demostrara su validez, cambiaría radicalmente nuestra comprensión de la conexión entre los seres vivos en cualquier posición espacio temporal.

Recuerda que la intuición está relacionada con la energía, y los campos electromagnéticos o incluso conexiones colectivas invisibles nos invitan a expandir nuestra visión de la realidad. Aunque la ciencia aún no puede confirmar del todo muchas de estas teorías ya ha comenzado a hacerlo, y las experiencias humanas, así como la intuición cotidiana, sugieren que estamos profundamente conectados, no solo entre nosotros, sino también con el mundo que nos rodea. Quizá la intuición sea la clave para comprender un aspecto de la realidad que hasta ahora se nos escapa, como una conexión invisible que une a todos los seres vivos y que podría redefinir lo que entendemos por «energía».

INTUICIÓN Y FÍSICA CUÁNTICA

La física cuántica es uno de los campos más fascinantes y desafiantes de la ciencia moderna. Estudia el comportamiento de las partículas subatómicas, como electrones y fotones.

A diferencia de las leyes de la física clásica que explican el mundo macroscópico, las reglas cuánticas desafían nuestra intuición y revelan fenómenos sorprendentes, como estos:

1. **Superposición.** Una partícula puede existir en múltiples estados o ubicaciones simultáneamente hasta que se observa o se mide. Esto implica que la realidad no está definida hasta que interactuamos con ella.
2. **Entrelazamiento cuántico.** Dos partículas que han interactuado alguna vez permanecen conectadas de tal manera que, aunque estén separadas por grandes distancias, un cambio en una afecta instantáneamente a la otra.
3. **El papel del observador.** En la física cuántica, la simple observación de un fenómeno puede influir en su resultado. Este concepto, conocido como el «colapso de la función de onda», plantea preguntas profundas sobre el papel de la conciencia en la creación de la realidad.

ESCUCHA A TU INTUICIÓN

Estos principios nos invitan a reconsiderar cómo entendemos la realidad y, lo más intrigante, cómo podrían relacionarse con la intuición.

¿Pueden dos mentes estar conectadas a distancia como partículas cuánticas? El entrelazamiento cuántico demuestra que dos partículas pueden permanecer conectadas, compartiendo información instantáneamente, sin importar la distancia que las separe. Este fenómeno ha llevado a algunos científicos y filósofos a especular que podría haber un equivalente en el ámbito de la mente y la conciencia.

Aunque no hay pruebas científicas concluyentes de que las mentes humanas puedan entrelazarse a distancia como las partículas subatómicas, ciertos fenómenos intuitivos sugieren conexiones similares:

- **Sincronización emocional.** Por ejemplo, madres que saben que algo le ocurre a su hijo aunque esté a kilómetros de distancia.
- **Pensamientos simultáneos.** Amigos o parejas que piensan en la misma idea al mismo tiempo, a menudo sin comunicación previa.
- **Experiencias telepáticas.** Relatos anecdóticos de personas que captan pensamientos o emociones de otros sin interacción física.

Algunas hipótesis sugieren que el cerebro humano, al generar campos eléctricos y magnéticos, podría interactuar con otros cerebros a través de un campo de información compartido. Aunque esta idea aún está en el terreno especulativo, el entrelazamiento cuántico nos muestra que la conexión instantánea a distancia no es imposible en el nivel fundamental de la realidad.

Y otra cuestión sin respuesta es si hay un papel relevante de la observación en la creación de la realidad. ¿Y si nuestras intuiciones moldean el mundo?

La física cuántica plantea una idea revolucionaria: el acto de observar no solo registra la realidad, sino que la define. Antes de ser observado, un electrón no tiene una posición o estado definido, existe en un mar de posibilidades. Solo cuando un observador interviene, la función de onda colapsa, y el electrón *elige* una posición.

Este principio tiene implicaciones profundas para la intuición y la conciencia. Algunas son las siguientes:

1. **La mente como creadora de la realidad.** Si la observación da forma a lo que percibimos, entonces nuestras creencias, expectativas e intuiciones podrían influir en cómo se manifiesta el mundo. Por ejemplo, cuando intuitivamente creemos que algo sucederá, ¿estamos simplemente prediciendo o estamos participando en la creación de esa realidad?

2. **Conexión con la intuición.** La intuición, al operar más allá del pensamiento racional, podría ser una herramienta para interactuar con este campo cuántico de posibilidades. En lugar de trabajar solo con datos del pasado, como hace el pensamiento lógico, la intuición podría

estar accediendo a estados de realidad que aún no se han manifestado plenamente.

Un ejemplo sería cuando decidimos tomar un camino alternativo basado en un presentimiento y luego descubrir que evitamos un problema. ¿Es posible que la intuición haya accedido a una posibilidad futura y ayudado a manifestar una realidad más favorable?

TIEMPO NO LINEAL

En cuanto a las teorías que sugieren que el tiempo no es lineal, surge una pregunta muy interesante: ¿es la intuición una forma de ver el futuro?

En nuestra experiencia cotidiana, el tiempo parece fluir de manera lineal en pasado, presente y futuro. Sin embargo, algunas teorías en la física cuántica sugieren que el tiempo podría ser mucho más complejo.

- **Teoría del bloque del universo.** Según esta idea, el pasado, el presente y el futuro coexisten a la vez en un bloque de espacio-tiempo. Lo que percibimos como movimiento a través del tiempo es solo una ilusión de nuestra conciencia.
- **Tiempo cuántico.** En el nivel subatómico, el tiempo no fluye de forma constante. Algunas partículas pueden retroceder en el tiempo, lo que plantea la posibilidad de que el futuro influya en el presente.

Si el tiempo no es lineal, entonces la intuición podría ser una habilidad para acceder a información de momentos futuros. Esto explicaría fenómenos como los sueños premonitorios y las decisiones intuitivas acertadas.

David Bohm, un físico teórico y filósofo, sugirió que la realidad visible es solo una manifestación de un «orden implicado», una dimensión más profunda donde todo está conectado. Los fenómenos que parecen separados (como dos partículas entrelazadas o dos personas sincronizadas) están en realidad unidos en el orden implicado. Según Bohm, la intuición podría ser una forma de percibir este nivel más profundo de realidad, donde pasado, presente y futuro están entrelazados. Al operar más allá de la lógica y el razonamiento consciente, la intuición nos permite percibir conexiones que no son evidentes en el nivel superficial.

Aunque estas teorías aún no pueden probarse completamente en el contexto humano, nos invitan a explorar la posibilidad de que nuestras mentes y emociones estén profundamente conectadas con el tejido mismo del universo. Si esto es cierto, entonces la intuición no solo sería una habilidad humana, sino una puerta hacia una realidad mucho más amplia y misteriosa de lo que jamás habríamos imaginado.

SUEÑOS VÍVIDOS

Los sueños son un terreno fértil para la intuición y los fenómenos inexplicables. Desde tiempos antiguos, las personas han atribuido significados especiales a los sueños, considerándolos mensajes de los dioses, visiones del futuro o expresiones del inconsciente. ¿Son simples procesos cerebrales o conexiones con algo más grande?

Estas son algunas características de los sueños vívidos o mensajes oníricos:

1. **Claridad excepcional.** Son más intensos y nítidos que los sueños normales.
2. **Contenido significativo.** A menudo contienen símbolos o mensajes relacionados con cuestiones importantes en la vida del soñador.
3. **Coincidencias posteriores.** Muchas veces, los eventos del sueño se reflejan en la realidad, como soñar con una persona y recibir noticias de ella al día siguiente.

Cuando la ciencia aborda el mundo de los sueños, se fija en estos aspectos fundamentales:

1. **Procesos cerebrales.** Los sueños son una forma en que el cerebro procesa emociones, reorganiza recuerdos y busca soluciones a problemas. Durante la fase REM del sueño, las áreas relacionadas con la creatividad y la intuición están particularmente activas.
2. **Resolución de problemas.** Numerosos estudios muestran que los sueños pueden ofrecer soluciones creativas. Un ejemplo famoso es el químico Friedrich Kekulé, quien soñó con la estructura del benceno.

3. **¿Conexión con algo más grande?** Aunque la neurociencia explica mucho sobre los sueños, queda la pregunta de por qué algunos parecen predecir el futuro o contener mensajes que van más allá de la experiencia consciente del soñador. Algunos investigadores especulan que podrían ser manifestaciones de una conexión más profunda con el inconsciente colectivo o con un campo universal de información.

EL PENSAMIENTO COMO ANTENA

Uno de los fenómenos intuitivos más comunes es pensar intensamente en alguien y, poco después, recibir una llamada o mensaje de esa persona. Aunque esto podría explicarse como una coincidencia, muchas personas lo experimentan con tanta frecuencia que lo interpretan como algo más significativo e intuyen que algún día tendrá una explicación que nuestra razón pueda entender.

Ya existen algunas hipótesis para este fenómeno:

1. **Procesos inconscientes.** Es posible que captemos señales sutiles, como cambios en el comportamiento o estado emocional de la persona, y que estas activen pensamientos sobre ella. Esto explicaría por qué ocurre más a menudo con personas cercanas.

2. **Sincronización de ondas cerebrales.** Algunos estudios sugieren que las mentes humanas pueden sincronizarse

a través de procesos como las ondas cerebrales o los campos electromagnéticos. Si dos personas están emocionalmente conectadas, podrían estar más sintonizadas entre sí.

3. **Entrelazamiento psíquico.** Aunque todavía es especulativo, algunos investigadores creen que nuestras mentes podrían interactuar en un nivel cuántico, similar al entrelazamiento de partículas subatómicas.

TELEPATÍA Y PERCEPCIÓN EXTRASENSORIAL

La telepatía y la percepción extrasensorial (ESP, por su sigla en inglés) son fenómenos que sugieren la existencia de conexiones no físicas entre las mentes humanas. Aunque estas áreas han sido objeto de controversia, existen estudios que intentan abordarlas desde un enfoque científico:

1. **Experimentos Ganzfeld.** En estos estudios, un emisor intenta enviar imágenes o pensamientos a un receptor que está en un estado de relajación profunda. Aunque los resultados han sido mixtos, algunos investigadores afirman que las tasas de acierto son superiores al azar.

2. **Investigaciones de Rupert Sheldrake.** Sheldrake ha realizado estudios de fenómenos como la sensación de ser observado o la telepatía entre mascotas y sus dueños. Aunque sus teorías, como la de los campos morfogené-

ticos, no son ampliamente aceptadas, han inspirado nuevas líneas de investigación.

3. **Metaanálisis.** Algunos metaanálisis de estudios sobre percepción extrasensorial han encontrado pequeñas pero significativas desviaciones del azar, lo que sugiere que podría haber algo digno de explorar.

Considerado todo esto, se podría decir que estas son las críticas y los desafíos actuales:

- **Falta de replicabilidad.** Muchos experimentos de percepción extrasensorial no han podido ser replicados consistentemente.
- **Sesgo del experimentador.** La subjetividad y las expectativas de los investigadores pueden influir en los resultados.
- **Estigma científico.** La asociación de estos temas con lo paranormal ha dificultado su estudio en entornos académicos convencionales.

TRADICIONES INDÍGENAS

Ya vimos en el capítulo 2 las formas en que los distintos tiempos históricos y culturas han entendido la intuición. Ahora me gustaría incorporar algunas tradiciones de pueblos indígenas en las que la intuición se interpreta como un medio para percibir las energías del entorno. Por ejemplo, los aborígenes australianos hablan del *dreamtime* (tiempo de los sueños), un estado de conciencia en el que se accede a la sabiduría ancestral. Por su parte, los pueblos andinos creen en una conexión intuitiva con la Pachamama (Madre Tierra), que los guía en la agricultura, la medicina y las decisiones comunitarias.

Aunque estas tradiciones suelen ser vistas como místicas, muchas de sus enseñanzas coinciden sorprendentemente con descubrimientos recientes en neurociencia y psicología. Algunas pistas relevantes en este sentido incluyen:

1. **El papel de la calma mental.** Diversas tradiciones indígenas enfatizan la necesidad de calmar la mente para escuchar la intuición. Esto coincide con estudios que muestran cómo prácticas como la meditación reducen la actividad de la red neuronal asociada con el pensamiento rumiativo y activan áreas cerebrales relacionadas con la percepción y la creatividad.
2. **Conexión con la naturaleza.** Estas tradiciones enseñan que la intuición se agudiza cuando nos reconectamos con la naturaleza. Investigaciones modernas confirman que pasar tiempo en entornos naturales mejora la claridad mental, el enfoque y la creatividad, todos ellos elementos esenciales para la intuición.
3. **Estados alterados de conciencia.** Algunas prácticas chamánicas, como los rituales y el uso de sustancias psicoactivas, han sido criticadas desde el punto de vista científico, pero también han inspirado investigaciones sobre cómo estos estados expanden nuestra percepción y comprensión del mundo.

4. **La importancia de la experiencia directa.** Mientras que la ciencia moderna se basa en datos y análisis, las tradiciones indígenas valoran la experiencia vivida como una fuente legítima de conocimiento. Esto resuena con enfoques recientes como la neurofenomenología, que busca combinar la experiencia subjetiva con mediciones científicas.

En esta última parte del libro, me encantaría dejaros la puerta abierta hacia un modelo intuitivo integrador que combine lo mejor de la ciencia moderna con las enseñanzas de las tradiciones indígenas.

Para ello, debemos considerar estos aspectos:

1. **Reconocimiento de múltiples formas de conocimiento.** Este modelo reconoce que la lógica y el análisis no son las únicas formas válidas de conocimiento. La experiencia subjetiva, la introspección y la intuición también son valiosas, especialmente cuando se combinan con enfoques científicos rigurosos.
2. **Colaboración interdisciplinaria.** La integración de disciplinas como la física cuántica, la neurociencia, la psicología y las tradiciones espirituales podría abrir nuevas fronteras en nuestra comprensión de la realidad.
3. **Espiritualidad secular.** Este modelo no requiere adoptar creencias religiosas, sino abrirse a la posibilidad de que la intuición y la conciencia humana están conectadas con un sistema más amplio que aún no comprendemos del todo.

4. **La intuición como puente.** En este contexto, la intuición se convierte en un puente entre lo científico y lo espiritual, permitiéndonos así explorar dimensiones de la realidad que trascienden los límites actuales del conocimiento.

UNA INVITACIÓN A CONFIAR EN LO INVISIBLE

La intuición es uno de los regalos más valiosos y misteriosos de la mente humana. Nos conecta con un conocimiento que trasciende la lógica y el análisis, permitiéndonos navegar por la vida de formas que a veces desafían la explicación racional. Sin embargo, también es un terreno complejo, donde la claridad puede confundirse con la superstición y las corazonadas con el autoengaño.

Os animo a que exploremos cómo aprender a escuchar a nuestra intuición con equilibrio y confianza, sin renunciar a la razón. Y también sin caer en supersticiones. Uno de los mayores retos al hablar de intuición es evitar confundirla con supersticiones o ideas sin fundamento. Mientras que la intuición tiene raíces en procesos psicológicos, biológicos e incluso espirituales, las supersticiones suelen basarse en creencias irracionales que buscan explicar lo inexplicable sin un marco crítico. Ya he detallado cuáles son las características propias de la intuición; conviene repasarlas para distinguirlas con claridad de otros procesos mentales.

Mi pregunta y reflexión final parte de la confirmación de que la intuición existe y tiene una demostración científica; sabemos que hay grandes muestras de personas que describen con mucha similitud la misma secuencia de hechos referidos a eventos espaciotemporales aún inexplicables desde la ciencia clásica. Mi pregunta anima a seguir investigando este ámbito. Es bastante abierta y se abre a una nueva mirada: ¿por qué no?

10

ANEXO PRÁCTICO EJERCICIOS

Quiero acabar insistiendo en esta idea: la intuición se puede ejercitar y fortalecer. Para animarte a ello, añado esta propuesta de prácticas y ejercicios que pueden ayudarte a desarrollarla.

ESCRIBE UN DIARIO DE INTUICIONES

Siempre me ha encantado escribir. Desde que era pequeña recuerdo tener un diario, bueno, tuve varios, de esos que se cerraban con candado y que guardaban mis más íntimos secretos y pensamientos.

De manera intuitiva creé ese hábito de escribir y estar conmigo misma. Luego descubrí diferentes tipos de escritura: la de reflexión, la de desahogo, la de ordenación de ideas, la de compartir con mi diario como si de una amiga o amigo íntimo se tratase cualquier cosa que me ocurriera, ya fuese de risa o de lágrimas, y la escritura de orientar a mi razón hacia el lugar donde deseo proyectar mi vida.

ESCUCHA A TU INTUICIÓN

La escritura es altamente terapéutica y resulta una herramienta muy útil en terapia y para la vida. Y quiero reforzar esta afirmación con los siguientes artículos que la avalan:

- James W. Pennebaker realizó una investigación en 1986 en la que pidió a los participantes que escribieran sobre eventos traumáticos o emocionalmente significativos durante quince-veinte minutos al día durante varios días consecutivos. Los resultados mostraron que la escritura sobre experiencias emocionales profundas puede tener efectos beneficiosos para la salud mental y física. Los participantes reportaron una disminución de síntomas depresivos, menos visitas al médico y una mejor función inmune.
- Lotze y su equipo de investigación utilizaron en 2014 imágenes de resonancia magnética funcional (fMRI) para examinar la actividad cerebral durante la escritura creativa. Los resultados mostraron que la escritura creativa activa una red cerebral compleja que involucra el hemisferio derecho, asociado con la creatividad, y el lóbulo frontal, que está relacionado con la planificación, la toma de decisiones y el control de impulsos.

En la investigación sobre la neuroplasticidad se ha visto que el acto de escribir, especialmente cuando es un proceso reflexivo y creativo, puede contribuir a la neuroplasticidad, es decir, la capacidad del cerebro para reorganizarse y adaptarse. La escritura puede fomentar el desarrollo de nuevas conexiones

ANEXO PRÁCTICO. EJERCICIOS

neuronales y mejorar la flexibilidad cognitiva, lo cual es crucial para la salud mental a largo plazo.

Por todo ello, insisto en esta recomendación: cada mañana o por la noche, dedica cinco minutos a escribir cualquier pensamiento, sensación o idea que te surja sin filtro. Este ejercicio fomenta la conexión con tu mente inconsciente y te ayuda a reconocer patrones intuitivos a lo largo del tiempo.

Escribir un diario es una herramienta útil también para reflexionar sobre tus corazonadas y aprender a confiar en ellas. Anota cada día tus corazonadas y las decisiones que tomas basándote en ellas. Por ejemplo, pregúntate: «¿Qué he sentido ante esta situación?, ¿cómo he respondido?, ¿qué ha ocurrido después?».

Este diario te ayudará a evaluar más tarde si tu intuición fue acertada. Con el tiempo, aprenderás a distinguir entre intuición real o impulsos, deseos y prejuicios, podrás identificar patrones y comprender mejor cómo se manifiesta tu intuición.

Otra práctica asociada a esta que te recomiendo con mucho énfasis es que leas libros sobre desarrollo personal y tomes notas de los puntos clave que resuenen contigo. Luego escribe tus propias reflexiones y observaciones, lo que te ayudará a profundizar en tus pensamientos y percepciones.

EJERCITA LA MIRADA

Los ojos son la parte externa del cerebro, y la mirada, es decir, la conexión de los ojos con el corazón, es la intuición. En la mirada vemos al otro y en las palabras que dice detectamos cómo traduce su pensamiento.

El lenguaje es pensamiento transformado en sonido, son ideas sacadas al exterior para hacernos entender, pero muchas veces estas ideas están tan encapsuladas en nuestros pensamientos individuales que nos hacen crear juicios y opiniones y separarnos de los otros desde nuestros miedos, resistencias y heridas.

Sin embargo, esto no puede suceder con la mirada, los ojos son conexión, no solo sirven para mirar o ver el exterior, también nos llevan al interior.

No hay nada como mirar a una persona a los ojos y poder atravesar todo su universo periférico llegando a la belleza que habita en su alma. Por más que una persona te diga una cosa, tu cuerpo se quedará con lo que refleja su mirada, y si esta es coherente o no con sus palabras.

Siempre podemos observar cómo está la persona que tenemos enfrente y podemos atestiguar la distancia que nos separa de su alma. A través de la mirada sostenida con el otro, sucede un hecho muy humano pero que parece mágico, y es que el otro y yo nos fundimos en uno, y vemos al otro a través de nosotros, llegando a realizar una fusión de almas y conectando la belleza de ambos.

Por eso la mirada es tan potente: es cerebro, es emoción, es reflejo del alma y es puente de conexión.

¿Has usado esta poderosa herramienta innata para ver/verte y saber mirar la vida y conectar?

ANEXO PRÁCTICO. EJERCICIOS

OTROS EJERCICIOS PRÁCTICOS

Estos ejercicios están diseñados para ayudarte a conectar con tu brújula interna:

1. Toma de decisiones intuitivas

Para decisiones pequeñas (como elegir qué comer o qué ruta tomar), escucha a tu intuición antes de analizar las opciones que se te presentan racionalmente. Más tarde, evalúa si tus elecciones intuitivas te han llevado a resultados satisfactorios.

2. Escaneo corporal

Practica el reconocimiento de las sensaciones físicas asociadas con tus intuiciones. Pregúntate cómo sientes una decisión o situación en tu cuerpo: ¿ligera o pesada? ¿Abierta o tensa? Estas señales pueden ser clave para interpretar tus corazonadas.

3. Juego de corazonadas

Antes de abrir un mensaje o respuesta (como un correo o una llamada), intenta intuir de quién se trata o qué podría contener. Aunque parezca trivial, este juego entrena tu capacidad para captar señales sutiles.

4. Exploración creativa

Realiza actividades como dibujar, escribir o improvisar música sin planificarlo previamente. Estas actividades estimulan el acceso al hemisferio derecho del cerebro, relacionado con la intuición y la creatividad.

5. Juegos de ingenio

Participa en juegos que requieran anticipar movimientos y aplicar estrategias basadas en patrones y experiencias previas, como el ajedrez o juegos de cartas.

6. Visualización creativa

Esta técnica te permite conectar con tu mente subconsciente. Dedica unos minutos cada día a imaginar dos caminos o escenarios diferentes, como si estuvieras visualizando una encrucijada en tu vida.

Piensa en lo que podría suceder en cada uno de los caminos y presta atención a las emociones o sensaciones que surgen en tu cuerpo. Pregúntate: «¿Cuál me hace sentir más tranquilo, emocionado o en paz?».

7. Resolución de problemas

Enfréntate a problemas complejos y trata de resolverlos sin depender demasiado de la lógica y el análisis exhaustivo. Confía en tus instintos y observa hasta qué punto son efectivos a la hora de encontrar soluciones.

8. Aprende nuevas habilidades

Participa en actividades nuevas y desafiantes que requieran pensar rápido y adaptarse, como deportes, artes marciales o improvisación teatral. Estas actividades te obligan a confiar en tu intuición.

9. Juega con decisiones pequeñas

Un buen ejercicio para desarrollar la intuición es empezar a tomar decisiones pequeñas basadas en ella. Estas decisiones no tienen que ser importantes o de gran impacto; lo que importa es que entrenes tu mente para escuchar tu intuición y actuar según lo que sientes.

Cuando no estés seguro de qué hacer en una situación pequeña (como qué camino tomar al trabajo, qué libro leer o qué actividad realizar en tu tiempo libre), pregúntate: «¿Qué siento que debería hacer?». Luego, sigue esa corazonada y observa qué sucede. Esto te permitirá practicar la toma de decisiones intuitivas sin la presión de consecuencias importantes, aumentando tu confianza en la intuición.

10. Pasa tiempo en la naturaleza

Estar en contacto con la naturaleza ayuda a calmar la mente y reconectar con tu intuición. Alejarte del bullicio diario y de las distracciones tecnológicas puede hacer que las sensaciones intuitivas sean más claras.

Dedica tiempo a pasear por un parque, el bosque o la playa, y usa este tiempo para desconectar del ruido mental.

Mientras caminas o te relajas en la naturaleza, escucha tus pensamientos y observa cómo surgen ideas o sensaciones intuitivas.

La naturaleza ayuda a reducir el ruido mental y el estrés, lo que permite que las señales intuitivas sean más fáciles de escuchar.

11. Confía en tus sueños

Los sueños pueden ser una ventana a la información no consciente, y muchas veces contienen mensajes o señales que nuestra mente consciente no capta durante el día. Al prestar atención a tus sueños, puedes obtener *insights* intuitivos valiosos.

Lleva un diario de sueños al lado de tu cama. Anota cualquier sueño significativo al despertarte, y reflexiona sobre los símbolos o sensaciones que surgen en ellos. Pregúntate: «¿Qué me está tratando de decir este sueño?»

Al explorar los mensajes de tus sueños, puedes acceder a una fuente más profunda de intuición que trabaja mientras duermes.

12. Crea espacio para la soledad y el silencio

El silencio y la soledad son momentos clave para escuchar la intuición. En nuestra vida cotidiana, estamos rodeados de ruido y distracciones constantes, lo que hace difícil conectar con lo que sentimos realmente. Crear espacio para estar a solas contigo mismo/a, sin distracciones, puede hacer que tu intuición tenga más espacio para manifestarse.

Dedica unos minutos al día a estar en silencio, sin estímulos externos (teléfonos, música, televisión). Puedes sentarte en una habitación tranquila, dar un paseo, o simplemente respirar profundamente. Permite que tus pensamientos fluyan libremente sin juicios.

La soledad y el silencio permiten que las sensaciones internas y las corazonadas afloren, dándote acceso a tu intuición sin interferencias externas.

ANEXO PRÁCTICO. EJERCICIOS

LOS BENEFICIOS DEL *MINDFULNESS*

1. Calmar el ruido mental

Nuestra mente está constantemente ocupada con pensamientos, preocupaciones y distracciones externas que pueden bloquear las señales más sutiles de la intuición. Cuando logras calmar tu mente, creas espacio para que las sensaciones intuitivas emerjan sin ser ahogadas por el ruido mental constante. El *mindfulness,* o atención plena, te ayuda a estar más presente en el momento, lo que permite que las señales intuitivas se perciban con mayor claridad.

2. Aumentar la presencia y la conexión con el presente

El mindfulness se enfoca en estar plenamente presente en el momento actual, observando con atención lo que ocurre sin juzgarlo. Al estar completamente presente, puedes percibir mejor las señales internas y externas que te rodean, lo que incluye las impresiones intuitivas.

Esta práctica te entrena para ser más consciente de tu cuerpo, tus emociones y tus pensamientos en el aquí y ahora. Así comienzas a notar más claramente cuándo surge una intuición o una corazonada para observarlas sin analizarlas en exceso ni descartarlas de inmediato.

3. Conectar con el cuerpo y sus señales

La práctica de *mindfulness* te ayuda a conectar más profundamente con tu cuerpo y a ser más consciente de esas señales físicas que pueden estar ligadas a tus corazonadas.

Esto implica llevar tu atención al cuerpo y observar las sensaciones que experimentas, como la tensión, el calor o la calma. Al desarrollar esta conciencia corporal, comienzas a identificar cómo responde tu cuerpo ante ciertas situaciones o decisiones, lo que a menudo es una manifestación de tu intuición. Si estás desconectado de tu cuerpo, es probable que pases por alto esas señales.

4. Reducir el estrés y las emociones

El estrés, la ansiedad y las emociones intensas pueden nublar la intuición. Cuando te encuentras estresado, el cuerpo y la mente están en modo de supervivencia, lo que dificulta escuchar las señales más sutiles que provienen de tu intuición. Además, el exceso de estrés tiende a generar pensamientos impulsivos o ansiosos, que pueden confundirse con intuiciones.

El *mindfulness* entrena tu mente para mantener la calma incluso en situaciones difíciles. Al calmar el sistema nervioso y equilibrar tus emociones, tu mente se vuelve más receptiva a la intuición.

5. Aumentar la concentración y la claridad mental

Mejorar tu capacidad de concentración y claridad mental es esencial para reconocer y seguir tu intuición. Una mente enfocada es más capaz de identificar y seguir las corazonadas sin dudar o cuestionarlas en exceso. También te permite tomar decisiones más claras y alineadas con lo que sabes internamente.

ANEXO PRÁCTICO. EJERCICIOS

Con más claridad mental, podrás distinguir mejor entre una auténtica intuición y una simple reacción emocional o impulsiva. Además, te permite actuar con más confianza y seguridad cuando sientes una corazonada.

6. Cultivar la confianza en tu intuición

Una de las mayores dificultades para desarrollar la intuición es la falta de confianza en ella. A menudo dudamos de nuestras corazonadas o las descartamos porque no nos parecen lógicas. La meditación te ayuda a cultivar la confianza en tu propio juicio y sabiduría interna.

A medida que te vuelves más consciente de tus pensamientos y emociones, te conectas con una parte más profunda de ti mismo, lo que te da más seguridad para confiar en lo que sientes. La práctica regular del *mindfulness* te hace más consciente de cuándo surgen las señales que recibes de la intuición y cómo las sientes.

7. Entrenamiento en la observación no reactiva

Practicar el *mindfulness* entrena tu mente para observar sin reaccionar de inmediato. En lugar de apresurarte a una conclusión o acción basada en una emoción o pensamiento impulsivo, aprendes a evaluar lo que está sucediendo sin juicios ni prisas. Esto es esencial para el desarrollo de la intuición, ya que las corazonadas a menudo se pierden si estamos demasiado ocupados reaccionando a estímulos externos. A través del *mindfulness*, te entrenas para no ser reactivo ante las situaciones, y esto te permite observar tus intuiciones con más claridad antes de tomar una decisión.

PRÁCTICAS DE ATENCIÓN PLENA

Algunas prácticas recomendadas de atención plena o *mindfulness* serían las siguientes:

1. Meditación de observación

Siéntate en un lugar tranquilo y observa tus pensamientos sin juzgarlos ni intentar controlarlos. Esta práctica te ayuda a identificar cuándo surge una intuición genuina, en lugar de una reacción emocional o impulsiva.

2. Caminatas conscientes

Sal a caminar en un entorno natural, prestando atención a cada paso, al ritmo de tu respiración y a los sonidos del entorno. Este ejercicio calma la mente y te conecta con el momento presente, facilitando la percepción intuitiva.

3. Visualización guiada

Imagina un lugar tranquilo donde puedas consultar a tu intuición. Pregunta algo específico y presta atención a las imágenes, palabras o sensaciones que surjan. Aunque parezca simbólico, este ejercicio ayuda a entrenar la conexión con tu mente inconsciente.

ANEXO PRÁCTICO. EJERCICIOS

4. Atención a las sincronías

Dedica un tiempo cada día a reflexionar sobre posibles sincronías o eventos significativos. Llevar un registro de estos momentos puede ayudarte a confiar más en tu intuición.

EJERCICIO PRÁCTICO DE MEDITACIÓN

1. Siéntate en un lugar tranquilo donde no te vayan a interrumpir. Cierra los ojos y pon la espalda recta, las manos en las rodillas o el regazo.

2. Respira profundamente varias veces, inhalando y exhalando por la nariz hasta vaciar todo el aire antes del siguiente llenado. Siente cómo tu cuerpo se relaja con cada exhalación.

3. Concentra tu atención en la respiración. Observa cómo el aire entra y sale de tu cuerpo sin intentar cambiarlo. Solo obsérvalo con calma: su flujo, su temperatura, su sonido, su trayectoria, y deja que cualquier pensamiento que surja pase como una película que ves sin aferrarte o engancharte a él. Solo observa.

4. Después de unos minutos de concentrarte en la respiración, pon la mano sobre tu corazón y hazte una pregunta intuitiva: «¿Qué necesito saber en este momento?» o «¿Cuál es la mejor decisión para mí ahora?».

5. Escucha sin esfuerzo. No trates de encontrar una respuesta racional. Simplemente observa cualquier sensación, emoción o imagen que aparezca en tu mente. Confía en las impresiones sutiles que puedan surgir.

ESCUCHA A TU INTUICIÓN

6. Termina la meditación cuando sientas que has recibido una respuesta o que tu mente está en calma, aunque no tengas una respuesta específica. La calma en sí sin ninguna información asociada ya es una señal muy intuitiva. Agradece cualquier intuición que hayas recibido, incluso si no la comprendes completamente en ese momento o no la ves con la claridad que tu mente agitada querría tener. Respira la calma y fluye con el proceso de seguir practicando en tu día a día.

Recuerda que el desarrollo de la intuición requiere práctica constante y la voluntad de escuchar lo que tu mente y cuerpo te están diciendo sin analizarlo en exceso. Si consigues que tu intuición forme parte de tus acciones diarias, te sucederá como con cualquier otra habilidad: cuanto más la practiques, más confiable y precisa será. Y también aprenderás a distinguirla de otras voces internas, como el miedo, el impulso o el deseo, de forma que se convertirá en una herramienta confiable para guiarte en la vida.

AGRADECIMIENTOS

Agradezco a mi padre en primer lugar haberme educado en una mentalidad abierta, donde, a pesar de mi vocación científica, he sentido la llamada de explorar nuevas formas de entender la vida y plantearme que, mientras no se demuestre lo contrario, ¿por qué no?

Agradezco a mi madre su confianza y su mirada de admiración siempre; sin su respaldo no podría haber llegado a donde estoy hoy.

Agradezco a mi hermano sus conversaciones sabias y superilustradas, que me hacen pensar y reflexionar, adentrándome en la búsqueda de más respuestas.

Agradezco a mis hijos y mi marido la comprensión y el respeto que sienten por mi pasión vocacional y amor por mi trabajo.

Agradezco a cada paciente y persona a la que he acompañado que me haya inspirado en el camino de la intuición y en seguir descubriendo el misterio del ser humano.

Agradezco a la vida seguir enseñándome a pesar de los momentos oscuros de la noche del alma que son sin duda de donde más aprendo.

REFERENCIAS BIBLIOGRÁFICAS

Adinolfi, P., y F. Loia (2022), «Intuition as emergence. Bridging psychology, philosophy and organizational science», *Frontiers in Psychology,* n.º 12, <https://doi.org/10.3389/fpsyg.2021.787428>.

Eskinazi, M., e I. Giannopulu (2021), «Continuity in intuition and insight. From real to naturalistic virtual environment», *Scientific Reports,* n.º 11 (1), <https://doi.org/10.1038/s41598-021-81532-w>.

Gao, J., *et al.* (2023), «Long-term practice of intuitive inquiry meditation modulates EEG dynamics during self-schema processing», *Heliyon,* n.º 9(9), < https://doi.org/10.1016/j.heliyon.2023.e20075>.

Gigerenzer, G. (2007), *Gut Feelings. The Intelligence of the Unconscious.*

Grehl, S., y A. Tutić, (2022), «Intuition, reflection, and prosociality. Evidence from a field experiment», *PloS One,* n.º 17(2), <https://doi.org/10.1371/journal.pone.0262476>.

Hinterberger, T., *et al.* (2003), «A feedback-controlled

multimodal device for inducing a psychophysiological coherence between anxiety and relaxation», *IEEE Transactions on Neural Systems and Rehabilitation Engineering,* n.º 11(2), pp. 198-201.

Jung, C. G. (1952), *Synchronicity. An Acausal Connecting Principle.*

Kahneman, D. (2011), *Thinking, Fast and Slow.*

McCraty, Rollin, M. Atkinson y R. T. Bradley (2004), «Electrophysiological Evidence of Intuition. Part 1. The Surprising Role of the Heart», *Journal of Alternative and Complementary Medicine.*

——, *et al.* (2009), *The Coherent Heart. Heart-Brain Interactions, Psychophysiological Coherence, and the Emergence of System-Wide Order.*

——, y D. Childre (2010), «Coherence. Bridging personal, social, and global health», *Alternative Therapies in Health and Medicine,* n.º 16(4), pp. 1-24.

——, F. Shaffer y D. Tomasino (2021), *Heart intuition. The electrophysiological precursor to intuitive.*

McCrea, S. (2010), «Intuition, insight, and the right hemisphere. Emergence of higher sociocognitive functions», *Psychology Research and Behavior Management,* n.º 3(1), <https://doi.org/10.2147/prbm.s7935>.

Meinert, J., y N. C. Krämer (2022), «How the expertise heuristic accelerates decision-making and credibility judgments in social media by means of effort reduction», *PloS One,* n.º 17(3), <https://doi.org/10.1371/journal.pone.0264428>.

REFERENCIAS BIBLIOGRÁFICAS

Porges, S. W. (2007), «The polyvagal perspective», *Biological Psychology,* n.º 74(2), pp. 116-143.

Radin, D. (2006), *Entangled Minds. Extrasensory Experiences in a Quantum Reality.*

Robson, David, *The Expectation Effect. How Your Mindset Can Transform Your Life.*

Rollin, M. D. H., y T. Verheggen (2016), «An exploration of intuition and its potential role in ethical decision making», *Journal of Business Ethics,* n.º 139(4), pp. 665-680.

Sheldrake, R. (2012), *Science Set Free.*

Thayer, J. F., y R. D. Lane (2000), «A model of neurovisceral integration in emotion regulation and dysregulation», *Journal of Affective Disorders,* n.º 61(3), pp. 201-216.

Tolle, E. (2005), *The Power of Now.*

Zhang, Z., Y. Lei y H. Li (2016), «Approaching the distinction between intuition and insight», *Frontiers in Psychology,* n.º 7, <https://doi.org/10.3389/fpsyg.2016.01195>.

Las revistas *Frontiers in Psychology, Nature, Psychology Today* y *Journal of Consciousness Studies* tienen numerosos artículos que abordan temas relacionados con la intuición, la percepción extrasensorial y la conciencia.

¿SABES CUÁNTO PUEDE HACER POR TI LA QUÍMICA DE TU CEREBRO?

El cerebro es muy inteligente pero no tan listo como se cree: está en tu mano conseguir que tu propia mente no te domine y que seas tú quien la controle a ella. Descubre cómo funciona la química de la felicidad y aprenderás que, a menudo, eres más lo que sientes que lo que piensas.

Ana Asensio, psicóloga y doctora en Neurociencia, te ofrece las herramientas necesarias para desarrollar una vida plena y una actitud positiva. El secreto está en tus ondas cerebrales y en esas hormonas que transmiten la felicidad por tu cuerpo: oxitocina, serotonina, dopamina y endorfinas. Ellas te darán las claves para entender lo que sientes, gestionar mejor tus emociones y alcanzar tu bienestar.

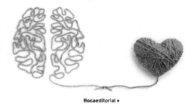

EL MEJOR ENCUENTRO ES CON UNO MISMO. ¿TE ANIMAS A DESCUBRIR TODA TU CAPACIDAD PARA SER FELIZ?

¿Has pensado ya cómo quieres vivir? ¿Has invertido lo suficiente en ti, en conocerte, en encontrar las actitudes que solo dependen de ti? Ana Asensio, doctora en Neurociencia y psicóloga con más de veinte años de experiencia, nos acerca el lenguaje para conseguir que razón y corazón se entiendan por fin: un regalo para aprender a vivir.

Descubre en este libro todo lo necesario para entender mejor cómo funcionan nuestro cerebro y nuestras emociones. Con él podrás conocer y desarrollar las mejores técnicas psicológicas para superar momentos difíciles, gestionar el estrés y la ansiedad, mejorar la confianza en ti mismo, controlar la autoexigencia o aprender a tomar decisiones con calma en tu camino hacia una verdadera inteligencia de vida.

DESCUBRE LA NEUROCIENCIA QUE UNE RAZÓN Y CORAZÓN.